KB040487

# 코로나 리포트

코로나
팬데믹
시리즈 1

COVID-19 REPORT

대한민국 초기 방역
88일의 기록

# 코로나
# 리포트

허윤정 지음

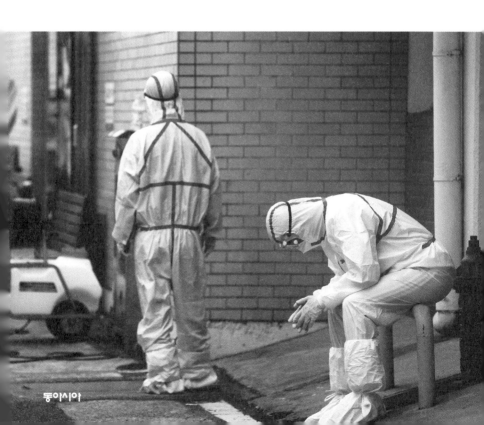

동아시아

"방역도 생물이다"

『코로나 리포트』는 허윤정 의원이 쓴 '코로나 백서'다. 우리나라에서 코로나바이러스감염증19 첫 환자가 발생한 2020년 1월 20일부터 총선까지의 유행 상황, 각종 대책, 꼭 알아야 하는 과학적 지식과 유용한 정보, 정책 제언이 잘 정리되어 있다. 보건의료 분야의 전문가로서 저자의 오랜 경험과 고민이 응축되어 있었다. 개인적으로는 이 책을 읽으면서 정부 초기 대응을 되짚어보며 무엇이 부족했고, 무엇을 보완해야 하는지 생각할 기회를 얻었다. 또한 방역 대응에 매몰되어 미처 보지 못하고 넘어갔던, 사회 여러 분야에서 코로나 유행이 미친 영향과 변화도 볼 수 있었다. 코로나 유행은 아직 진행 중이며, 많은 전문가는 장기간 유행이 지속할 것이라고 전망하고 있다. 처음 경험해보는 빠른 전파 속도, 높은 전염력, 높은 치명율을 보여주는 신종 감염병 위기에 대응하는 데 이 책에 담긴 많은 정보와 발전적인 제안이 큰 도움이 될 거라 확신한다.

—정은경(질병관리본부장)

공포의 상어 떼가 출몰하면서 혼돈에 빠져 소용돌이치는 정어리 떼의 소용돌이. 처음 우리들의 모습이었다. 지구촌을 마비시키고 인류를 공포로 빠뜨린 코로나19, 각국은 '아무도 가보지 않은 길'을 찾아야 했다. 의료복지 전문가인 허윤정은 코로나19 출현과 함께 운명처럼 의정활동을 시작하면서, 즉시 관련 위원회에 투입된다.

이 책은 가장 뜨거웠던 기간의 '난중일기'다. 수많은 관계자의 제안과 항의, 국민의 분노와 협조, 의료인들의 헌신, 정책 당사자들의 결단 등을 통해 K방역이 정착해가는 과정을 종합적으로 정리하고, 국민들 각자의 상황에 도움이 되는 정보까지 들어 있다. 그때 나는 어떤 주장을 했고 무엇을 실천했던가?

이 책이 소중한 것은 이 전쟁은 아직 끝나지 않았고, 더 큰 고통을 각오해야 한다는 공포가 있기 때문이다.

—최영희(탁틴내일 이사장, 허윤정 의원 후원회장,
전 국가청소년위원회 위원장)


허윤정 의원님이 쓰신 『코로나 리포트』를 읽어보았습니다. 책장을 넘기면서 숨 가빴던 하루하루가 생생하게 느껴졌습니다. 코로나 대응 하나만으로도 4개월을 4년처럼 보내셨겠다는 생각이 들었습니다.

—정설희(건강보험심사평가원 부장)

허윤정 의원은 열정 덩어리다. 목표가 생기면 기어코 이루어 낸다. 이 책 역시 그녀의 그런 모습을 그대로 보여주고 있다.

허 의원의 의정활동 기간 동안, 한국 정치인에게 가장 필요한 것은 코로나19로부터 국민을 보호하는 것이었다. 허 의원은 그 짧은 기간에 국회의원으로서 해야 할 의무를 지독하리만치 해냈다. 허윤정 의원은 코로나19를 과학적으로 접근했고 분석했다. 그리고 우리 모두가 상황을 이해하기 쉽도록 설명하면서, 국가 정책으로 시행되어야 할 훌륭한 정책 제언을 내놓았다.

의정활동을 하기 전부터 당의 전문위원으로, 대학의 교수로 보건과 복지 분야에서 열정을 가지고 연구해온 내용이 이 책에 고스란히 반영된 것을 보면서 다시 한 번 허윤정 의원에게 박수를 보낸다.

이제 다시 시작이다. 그녀는 국회를 떠났지만 그녀의 전문적인 식견은 우리 사회에 큰 도움이 될 것이고, 앞으로 더 큰일을 해야 할 것이다. 허윤정 의원이 새로운 장소에서 새로운 모습으로 대한민국의 보건과 복지의 발전에 큰 기여를 하기를 진심으로 바란다.

—이성재(법무법인 로직 대표 변호사, 전 국민건강보험공단 이사장)

영화나 드라마를 보면 인류를 위협하는 강력한 바이러스가 등장합니다. 스치기만 해도 죽는 엄청난 위력을 갖고 있습니다. 저는 세상이 위기에 처한다면 그런 슈퍼 바이러스 때문일 것이라고 생각했습니다. 중세 유럽 인구의 30~50%를 사망하게 만든 페스트나 남미 원주민의 90%를 앗아 간 천연두가 떠오릅니다.

코로나19는 그런 병원균과는 완전히 다릅니다. 치명률이 다른 질병에 비해 현저히 낮고, 건강한 성인이라면 스스로 이겨낼 정도로 약한 바이러스라고 알려져 있습니다. 그런데 그 코로나19가 세계를 강타하고 세상의 질서를 바꿨다는 평을 듣습니다. 이게 웬일일까요?

코로나19의 가장 큰 사회적 특징은 관계를 끊는다는 데 있습니다. 치명률이 낮은 대신 전파율이 매우 높습니다. 그렇다고 그

냥 두기에는 노약자의 치명률은 꽤 높습니다. 이 애매한 바이러스를 퇴치하기 위해 각국은 서로 거리를 두기 시작합니다. 그러자 글로벌 밸류체인이 무너집니다. 식량 생산을 위한 노동 이동이 제한되어 일부 국가에서는 식량 수출을 중단하기도 했습니다. 국경이 폐쇄되고, 연대나 협업보다 격리와 독자생존이 힘을 얻고 있습니다.

그러나 코로나19는 우리에게 협업을 가르치고 있습니다. 모두가 사회적 거리두기를 하고 모두가 방역수칙을 준수할 때 코로나19를 퇴치할 수 있습니다. 바이러스 연구, 백신과 치료제 개발에 전 세계가 협업하고 있습니다. 정말로 알 수 없는 바이러스입니다.

코로나19 이후의 세상은 이전과 다를 것입니다. 각광받던 공유경제는 쇠퇴하고 비대면의 사회가 급부상하고 있습니다. 온라인 교육, 비대면 진료 등도 성큼 다가왔습니다. 세계화가 후퇴하는 가운데 우리 경제가 어떤 변화를 겪을지 예상하기 어렵습니다.

각계에서 코로나19 이후를 고민하고 있지만 중요한 사실이 있습니다. 코로나19는 끝나지 않았습니다. 일부 전문가들은 코로나19 바이러스가 2년, 빠르면 1년 내에 변이를 일으킬 수 있다고 경고합니다. 코로나19만이 아닙니다. 신종플루, 에볼라, 메르스, 코로나19에 이어 또 다른 이름 모를 감염병이 우리의 안전을 위협할 수 있습니다. 이제 방역은 국가안보의 상수가 될 것입니다.

코로나19 대응 과정이 완벽했던 것은 아닙니다. 혼선도 있었고 착오도 있었습니다. 비판도 많았습니다. 하지만 이 시기가 지나가면 과연 우리는 무엇을 기억할까요. 2015년 메르스의 기억은 얼마나 남아 있나요. 만일 코로나19가 신천지와 이태원 클럽, K방역으로만 기억된다면 우리는 비슷한 혼란을 또다시 겪을 것입니다.

이 책은 우리의 코로나19 대응을 기억하고 자료를 축적하려는 생각에서 시작되었습니다. 20대 국회의원으로서 보고 겪었던 경험을 코로나19 정국에 녹이고 싶었습니다. 모두 담을 수 없어 아쉽지만, 2020년 대한민국이 어떻게 움직였는지 파악할 수 있는 사초史草가 되었으면 합니다. 기록에 부족한 점이 있다면 제 능력의 한계 때문일 것입니다. 부족한 제게 든든한 힘이 되어주시고 함께해 준 모든 분들께 감사드립니다.

# 차례

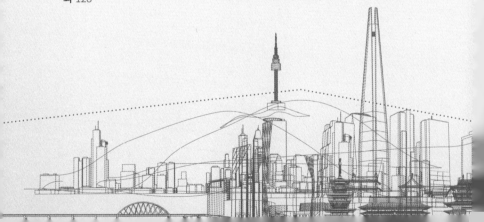

## 3장 세계의 주목을 받다

## 4장 장기전을 대비하며

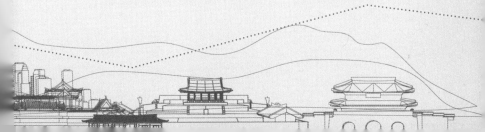

**일러두기**

• 이 책은 허윤정 의원의 의정보고서 「코로나 리포트」를 수정 · 편집한 책이다.

• 이 책은 일기 형식으로 구성되어 각 날짜에 해당하는 시점에서 서술하고 있지만, 해당 날짜
보다 미래의 시점에서 서술한 경우에는 본문의 색깔을 연하게 표시했다.

• 책 · 장편 소설은 『 』, 단편·논문은 「 」, 잡지 · 신문은 《 》, 예술작품 · 방송 프로그램·영화는 〈 〉
로 구분했다.

2019년 12월 31일 강원도 원주는 매우 추웠다. 남극에서 온 슈퍼스타 펭수는 보신각종을 33번 타종했고 사람들은 저마다 새해 소망을 빌며 가족의 건강과 행복을 기원했다. 정국은 어지러웠지만 오바마 전 미국 대통령이 〈기생충〉을 올해 최고의 영화로 꼽았다는 세밑 뉴스 덕분에 사람들 마음은 조금이나마 따뜻했다. 힘겨운 2019년이 끝나고 희망찬 2020년이 온다는 기대 속에 그날 오후 중국에서 넘어온 폐렴 환자 소식은 국민들의 큰 관심사항이 아니었다.

(베이징=연합뉴스) 중국 중부 후베이성 우한에서 사스(SARS, 중증급성호흡기증후군)로 의심되는 병이 돌고 있다는 소문에 온라인 이용자들이 걱정하고 있다. 31일 중국중앙방송(CCTV) 등에 따르면 우한시 위생건강위원회는 현지 한 수산시장에서 원인 불명의 폐렴 환자가 속출했다고 발표했다. 환자들은 이미 격리돼 치료받고 있으며 바이러스 검사 결과를 기다리고 있다.

국제 바이러스 분류위원회가 명명한 "SARS-CoV-2". 코로나19의 시작이었다.

"폐렴이 집단 발병한 시장을 방호복을 입은
당국 관계자들이 소독하는 장면이
시민들에게 포착되면서 긴장감은 더욱 높아졌다"
(《동아일보》, 2020.01.01.)

"중국 소셜미디어 웨이보 등에는
우한에 사스가 퍼진 게 아니냐며 불안감을 호소하는
글들이 올라오고 있다. 우한시 공안국은 확인되지 않은
소문을 인터넷에 유포했다며 8명을 체포했다."
《 경향신문》, 2020.01.02.)

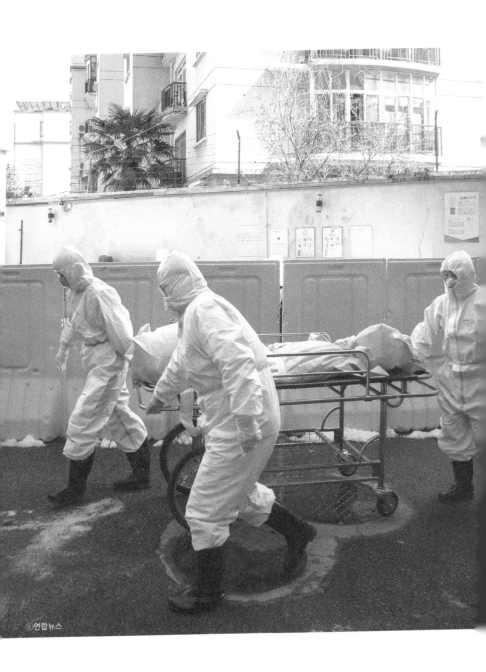

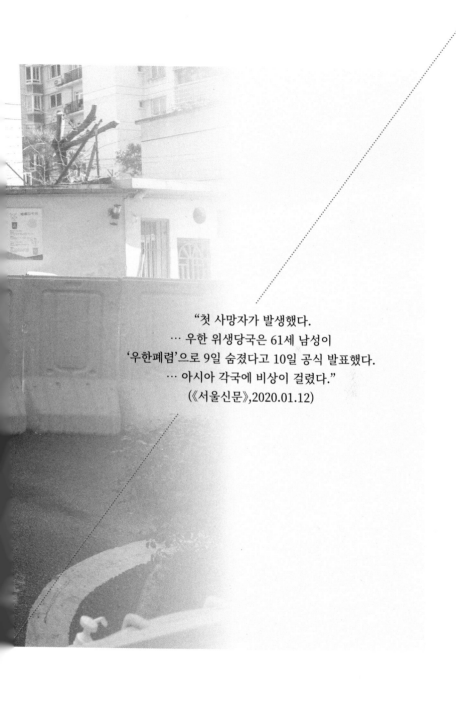

"첫 사망자가 발생했다.
… 우한 위생당국은 61세 남성이
'우한폐렴'으로 9일 숨졌다고 10일 공식 발표했다.
… 아시아 각국에 비상이 걸렸다."
(《서울신문》,2020.01.12)

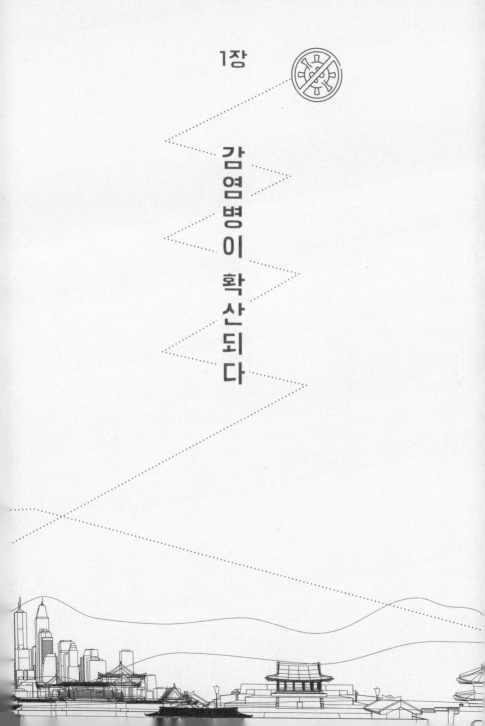

# 1장

# 감염병이 확산되다

# 1일 차   최초 확진자 발생

**✚ 현재 상황**

확진자 1명(+0)
사망자 0명(+0)
완치자 0명(+0)

국내에서 최초 확진자가 발생했다. 우한에서 온 중국인 여성이다. 어제 인천공항 검역에서 유증상자로 분류돼 국립 인천의료원으로 이송됐고, 오늘 확진 판정을 받았다. 12일 전인 1월 8일 의심환자가 신고된 적은 있지만 감염자는 아니었다. 중국은 확진자가 278명을 넘었다고 했고, 지역적으로도 베이징과 상하이, 선전 등으로 확산됐다는 뉴스가 계속 흘러나왔다. 분위기가 심상치 않다.

설날을 5일 앞둔 시점이라 정부 당국의 우려가 크다. 정부는 감염병 위기경보 수준을 가장 낮은 '관심'에서 '주의' 단계로 격상시켰고 24시간 비상대응체계를 가동한다고 밝혔다. 시·도별 방역 대책반을 구성하겠다고도 발표했다.

가장 큰 문제는 이 바이러스의 정체를 아무도 모른다는 점이다. 질병관리본부(이하 질본)는 "환자와 오랜 시간 좁은 공간에서 함께 머무는 등 제한적인 상황에서만 사람 간 전염 가능성이 있다"라고 조심스럽게 추론할 뿐이었다. 사람 간 전염 가능성은 희박하다는 기존 예측보다는 진전되었지만 이 역시 확실치는 않다.

코로나19의 치명률이나 전파율은 얼마인지, 어떤 치료제가 효과가 있는지, 어떻게 대응해야 하는지, 제대로 파악할 수 있는 정보가 현재로서는 거의 없다. 검역을 강화하고 상황을 예의 주시하는 것이 할 수 있는 일의 거의 전부다.

### 코로나19란?

코로나19는 2019년 12월, 중국 우한시에서 처음 발견된 변종 코로나바이러스다. 초기 '신종 코로나'로 불렸으나, 2020년 2월 12일 세계보건기구WHO*는 새로운 바이러스를 'coronavirus disease 2019COVID-19'로 명명했다. 'CO'는 코로나corona, 'VI'는 바이러스virus, 'D'는 질환disease, '19'는 발병이 처음 보고된 2019년을 의미한다. 국내 질병관리본부는 COVID-19의 한글 표기를 코로나바이러스-19, 약칭 코로나19로 확정했다.

사람에게 감염을 일으키는 코로나바이러스 6종 중 4종은 가벼운 감기

---

\* 세계보건기구World Health Organization, WHO는 유엔의 전문 기구로, 2009년까지 193개 회원국이 WHO에 가입하였고, 세계 인류가 가능한 한 최고의 건강 수준에 도달하는 것을 목적으로 한다.

증세에 그치지만, 나머지 2종인 사스와 메르스는 인간에게 치명적 결과를 유발할 수 있다. WHO는 COVID-19의 원인을 코로나바이러스와 베타-코로나바이러스의 새로운 유형이라고 밝혔다.

SARS–CoV–2의 입체 구조
(출처: 미국 국립보건원)

## 어떻게 생겨났나?

박쥐로부터 유래한 사스유사-코로나바이러스와 상동성이 89%로 확인됐다. 사스와는 77%, 메르스와는 50%, 기타 코로나바이러스 4종과는 39~43%의 상동성이 확인됐다. 한편 천산갑* 유래 바이러스와의 상동성이 99%로 밝혀지면서 천산갑이 중간 숙주일 가능성이 제기된 상태다.

## 주요 증상은?

발열과 호흡기 증상이 나타난다. 환자에 따라 두통과 근육통, 가슴 통증, 설사 등이 함께 나타나기도 한다. 건강한 성인의 경우 자연스럽게 회복될 가능성이 크지만, 노약자나 기저질환이 있던 사람에게는 치명적일 수 있다.

---

* 천산갑穿山甲은 유린목에 속하는 포유류의 동물이다. 아르마딜로나 전갈 등이 천산갑에 속한다.

# 3일 차     WHO, 긴급위원회 개최

**✦ 현재 상황**                                      COVID-19 REPORT

확진자 1명(+0)
사망자 0명(+0)
완치자 0명(+0)

세계보건기구가 22일(현지 시각) 긴급위원회를 개최했다. 우한에서 발생한 신종 코로나바이러스 사태가 국제 공중보건 비상사태PHEIC[*] 인지 결정하기 위한 회의다. 어제 중국에서는 의료진 16명이 감염됐다는 소식이 나왔다. 그동안 가능성으로만 제기됐던 사람 간 전파가 확인된 것이다. 중국 보건당국은 우한 폐렴을 사스와 동급인 '을'류 전염병으로 지정하되, 페스트나 콜레라 같은 '갑'류 전염병 수준으로 대응하겠다고 공고했다. 하지만 중국이 자세한 정보를 공개하지 않는다는 비판이 이어졌다.

WHO가 최고 전염병 경보 단계인 PHEIC를 선언하면 전 세

---

[*] 국제 공중보건 비상사태Public Health Emergency of International Concern, PHEIC는 대규모 질병 발생 중 국제적인 대응을 특히 필요로 하는 것을 의미하며, 세계보건기구가 선언한다.

계 국가는 국제공조에 나서야 한다. 바이러스 의심 사례가 발견되면 24시간 이내에 WHO에 통보해야 하고 전파를 방지할 의무도 지게 된다. 확산 지역에 대한 출입국 제한 권고도 가능하다. 하지만 PHEIC는 강제력이 없기 때문에 실효성이 떨어진다. 그렇기 때문에 일부에서는 사태가 더 확산되기 전에 사전 준비를 하는 의미에 불과하다고 지적한다. PHEIC 위의 단계는 WHO의 전염병 경보 단계 중 최고 위험등급인 6등급, 팬데믹 Pandemic * 뿐이다.

WHO는 지금까지 신종 인플루엔자(2009), 소아마비·서아프리카 에볼라(2014), 지카 바이러스(2016), 키부 에볼라(2019) 등 PHEIC를 5회 선포한 바 있다.

하지만 2009년에는 비상사태를 신속하게 선포했음에도 정작 감염이 심각하지 않아 감염 공포와 백신 사재기 등 혼란만 불러왔다는 비판이 일었다. 반대로 2014년에는 신중론을 고집하다가 1만 명 이상이 사망하는 결과를 낳았다. WHO의 판단이 보기만큼 쉽지 않은 이유다.

우리 보건당국이 신종 코로나바이러스 감염증의 전파력을 사스와 메르스의 중간으로 판단한 가운데, 과연 WHO에서는 어떤

---

* 세계보건기구는 전염병의 위험도에 따라 전염병 경보단계를 1단계에서 6단계까지 나누는데 최고 경고 등급인 6단계를 '팬데믹(전염병의 대유행)'이라 한다.

결론을 내릴지 의문이다. 긴급위원회 소집과는 별개로 WHO 전문가 팀이 중국 우한으로 파견됐고, 스위스 제네바의 회의는 다음 날로 이어졌다.

### WHO와 IHR?

1830년에서 1847년까지 유럽을 휩쓴 콜레라의 창궐은 전염병 외교 및 공중보건에 관한 다자간 협력의 기폭제가 됐다. 콜레라의 창궐은 위험한 질병의 세계적 확산을 막기 위해서 국가 간 협력이 필수적임을 보여주었다. 이를 계기로 1851년 파리에서 첫 국제위생회의The International Sanitary Conference 가 프랑스 정부 주도로 열렸다.

국제위생회의는 1851년부터 1938년까지 총 14회 열렸으며, 1948년 세계보건기구를 창립하는 데 주요한 역할을 했다. 1951년 세계보건기구는 국제위생규칙 The International Sanitary Regulations을 1969년에 국제보건규칙 The International Health Regualtion으로 대체했다.

2005년 채택되어 2007년부터 효력이 발생한 국제보건규칙은 전 세계 196개 나라가 따르는 구속력 있는 국제법이다. 이 규칙의 목적은 국제 여행 및 무역에 불필요한 간섭을 피하면서 질병의 국제적 확산을 예방하고 저지하며, 통제·대응하는 것이다.

# 4일 차 우한, 봉쇄되다

✚ **현재 상황**                                       COVID-19 REPORT

확진자 1명(+0)
사망자 0명(+0)
완치자 0명(+0)

WHO는 치열한 논의 끝에 PHEIC를 선포할 단계가 아니라고 판단했다. 반면에 중국은 단호했다. 민주주의 국가에서는 상상하기 힘든 도시 봉쇄를 단행한 것이다. 중국 최대 명절인 춘절 연휴를 하루 앞둔 23일, 신종 코로나바이러스가 시작된 우한은 그렇게 전격적으로 고립됐다. 긴급 봉쇄령이 내려진 우한은 전시와 같은 혼란스러운 상황이라고 전해졌다. 버스, 기차, 항공 등 모든 대중교통이 중단된 채 언제 끝날지도 모르는 바이러스와의 전쟁이 시작됐다. 봉쇄 직전에는 도시를 탈출하려는 인파가 몰렸고, 우한에 남겨진 1,100만 주민들은 불안감 속에서 마스크와 손 소독제, 음식물을 챙길 뿐이었다.

사람 간 이동 중단이 감염병 확산을 막는 가장 확실한 방법인 것은 맞다. 하지만 이러한 조치가 엄청난 인권침해라는 점은 더욱 분명하다. 최후의 수단으로 사용되어야 할 조치가 너무 빨리 단행되었다는 느낌이다. 민주주의 국가에서 하기 어려운, 사회주의 국가의 특징이 아닐까 생각했다. 우한에는 한국 교민 1,000여 명이 체류하는 것으로 알려졌다. 공교롭게도 우한 총영사는 작년 11월 이후 두 달째 공석이다.

## 코로나19·사스·메르스 차이점

인간에게 병을 일으키는 세균이나 바이러스의 위험성을 비교할 때 쓰는 기준은 두 가지다. 전파력을 반영하는 '기초감염재생산수'(이하 R0)와 사망률을 반영하는 '치명률'이다.

'R0'값은 감염자가 없는 인구집단에 처음으로 감염자가 발생하였을 때 첫 감염자가 평균적으로 감염시킬 수 있는 2차 감염자의 수를 나타낸 것이다. 예를 들어 R0가 1보다 크면, 최소 한 사람 이상이 추가적으로 감염될 수 있다는 뜻이며, 이 경우 감염병이 인구집단 내에서 크게 확산될 가능성이 높다. 지금까지 알려진 사실에 의하면 코로나19의 치명률은 2~4% 정도로 추정된다. 사스의 11%보다는 낮고 0.05~0.1% 수준인 독감보다는 높다. 치명률만 놓고 봐서는 사스보다는 덜 위험하다고 할 수 있다.

사스와 코로나19의 결정적인 차이점은, 코로나19는 증상이 나타난 초기에 바로 전파가 가능하다는 것이다. 코나 입에서 배출되는 바이러스 농도가 증상이 나타나는 시작 시점에 가장 높기 때문이다. 심지어 잠복기 동안에도 전염시킬 수 있다는 주장도 나오고 있다. 반면 사스는 잠복기 동안에는 전염이 되지 않고, 증상 발생 후 6~11일 동안 전파력이 높다.

코로나19의 경우 중국에서도 우한과 후베이성을 제외한 지역의 치명률은 0.16%로 사스 9.6%, 메르스 34.4%에 비해 매우 낮다. 하지만 전파력이 높기 때문에 의료체계가 붕괴될 경우 노인과 기저질환자를 중심으로 치명률이 급증하는 결과를 낳는다.

▶ 코로나19·사스·메르스 재생산수와 치명률 비교

|  | 코로나19(COVID-19) | 사스(SARS) | 메르스(MERS) |
|---|---|---|---|
| 재생산수(R0) | 2.0~2.5 | 3 | 0.3~0.8 |
| 치명률(CFR) | ~3.4% | 9.6% | 34.4% |

(출처: Epidemiological Comparison of Respiratory Viral Infections_Akiko Iwasaki/Yale University/ BioRender)

# 5일 차    두 번째 확진자 발생

✚ 현재 상황

COVID-19 REPORT

확진자 2명(+1)
사망자 0명(+0)
완치자 0명(+0)

    오늘 발생한 두 번째 확진자는 이틀 전 중국에서 입국한 55세 한국인 남성이다. 그는 우한에 머물렀고, 당시 중국인 동료 중에 감기 환자가 있었다고 말했다. 이 확진자는 입국장에서 발열 증상이 확인돼 검역 조사를 받았다. 하지만 호흡기 증상이 없었기에 능동감시 대상자로 분류됐고 자택으로 귀가할 수 있었다. 정부 지침에 따라 관할 보건소에는 이러한 사실이 통보됐다.

    입국 다음 날 인후통이 심해진 확진자는 보건소 선별진료소를 찾았다. 이때 중앙 역학조사관이 유증상자로 분류했고, 검사 결과 두 번째 확진자로 판명됐다. 확진자의 동선은 공개된다. 방역 당국이 공개하는 내용에는 다녀간 식당 이름이나 관람한 영화의 좌석번호, 열차 출발 시각, 숙소 이름과 퇴실 시각 등 개인적이고 구체적인 내용까지 포함된다. 공개를 당하는 당사자 입장에서는 끔찍한 일이다. 특히나 방문한 곳이 사회상규상 용인되기 힘든 곳이거나 개인의 사생활이 적나라하게 드러나는 장소라면 더더욱 그렇다. 온라인에서는 동선을 공개당하느니 차라리 병에 걸려 죽겠다는 댓글도 일부 있었다.

정은경 질병관리본부 본부장은 이렇게 말한다. "(지금 취하는 조치는) 같은 공간에 있었던 사람들에게 노출 가능성을 알려 자신의 증상 발생 여부를 좀 더 주의 깊게 관찰하고, 의심증상이 발생할 경우 신속하게 신고하고 예방할 수 있도록 하기 위한 것입니다."

이러한 조치는 2015년 38명의 사망자를 낸 메르스 사태 이후 만들어졌다. 당시 질본은 병원명을 공개하지 않아 병원 내 감염을 악화시켰다는 국민적 비판을 받았다. 이후 개정된 '감염병의 예방 및 관리에 관한 법률' 제34조의2 제1항은 "국민의 건강에 위해가 되는 감염병 확산으로 인하여 주의 이상의 위기경보가 발령되면 감염병 환자의 이동경로, 이동수단, 진료받은 의료기관 및 접촉자 현황 등 국민들이 감염병 예방을 위하여 알아야 하는 정보를 정보통신망 게재 또는 보도자료 배포 등의 방법으로 신속히 공개하여야 한다"라고 명시하고 있다.

이러한 동선 공개의 취지는 4월 2일 강남 유흥업소 종사자가 코로나바이러스에 감염된 후 뜻하지 않은 반향을 일으키게 된다. 업소 출입자들은 전전긍긍했고, 모 연예인은 큰 곤욕을 치러야 했다. 국민들의 시선이 차가웠음은 물론이다.

## 방역? 사생활 침해?

국가인권위원회는 3월 9일, 정부 및 지방자치단체가 코로나19 확진환자의 이동경로를 공지하는 과정에서 사생활 정보가 필요 이상으로 과도하게 노출되는 사례가 발생하는 데 우려를 표했다. 과도한 사생활 공개가 코로나19 방역에 도움을 주지 않는다는 취지의 지적이었다.

"인터넷에서 해당 확진환자가 비난이나 조롱과 혐오의 대상이 되고 있다. 2차 피해까지 확산되는 상황에 우려를 금할 수 없다."
"(서울대학교 보건대학원의 2월 발표 설문조사에 따르면) 응답자들은 감염되는 것보다도 확진환자가 되어 주변에서 비난을 받는 것을 더욱 두려워한다. 상세한 이동경로 공개는 오히려 의심증상자가 사생활 노출을 꺼려 자진 신고를 망설이거나 검사를 기피하게 만들 수 있다."
_최영애 국가인권위원장

중앙방역대책본부는 이러한 국가인권위원회의 권고를 반영해 거주지의 세부 주소나 직장명 등은 원칙적으로 공개하지 않도록 했으며, 이동경로와 방문 장소 등도 필요 이상으로 밝히지 않기로 했다.*

---

* 《한겨레》, "코로나19 확진자 주소·직장 비공개가 새 원칙"(2020.03.15.)

# 7일 차    중국인 입국금지?

✚ **현재 상황**

확진자 3명(+1)
사망자 0명(+0)
완치자 0명(+0)

　13만 의사를 대표하는 대한의사협회(의협) 홈페이지 인사말 첫마디는 "문재인 케어를 막아낼 적임자로 저를 선택해주신 회원님들의 뜻에 반드시 부응하기 위해 강력한 대정부 투쟁을 전개해나갈 것을 약속드립니다"다. 의협과 정부의 관계를 여실히 보여주는 인사말이다.

　의협은 "중국으로부터의 전면적인 입국금지 조치 등 가능한 모든 조치를 위한 행정적 준비를 당부"한다는 담화문을 발표했다. 이 담화문이 강력한 대정부 투쟁의 일환인지는 모르겠으나, 적어도 바이러스의 유입을 최대한 막아야 한다는 주장은 의학적으로 타당한 말이고 존중되어야 할 의견이다. 하지만 의협이 쏘아 올린 '중국 금지' 주장은 이후 정부를 공격하는 초석 역할을 톡톡히 하게 된다.

당장 자유한국당 심재철 원내대표는 중국 여행객의 입국금지를 지금이라도 심각하게 검토해야 한다고 주장하고 나섰다. 청와대 국민청원 홈페이지에 올라온 '중국인 입국금지 요청' 청원은 나흘 만에 44만이 넘었다.

하지만 국경 폐쇄가 감염병 예방에 도움되지 않는다는 것이 WHO의 일관된 입장이다. 국경을 폐쇄하거나 여행, 무역을 제한할 경우 오히려 비공식적인 국경 이동이 발생해 질병 확산 가능성이 높아진다는 것이다. 국제보건규칙(IHR 2005) 또한 '질병 확산을 통제하는 경우에도 국가 간 이동을 불필요하게 방해해서는 안 된다'(2조)라는 원칙을 내세운다.

그럼에도 중국인 입국금지 주장이 옳다고 생각된다면 2020년 3월 2일의 경기도 안산으로 잠시 떠나볼 필요가 있다. 중국인을 포함해 9만 명에 가까운 외국인이 모여 사는 안산은 이날까지 확진자가 한 명도 없었다. 전국적으로 4,335명의 확진자가 발생한 시점이다.

언론 인터뷰에서 어느 식당 주인은 "재중동포가 주방 종업원이다. 솔직히 지난달 초만 해도 이 지역에 중국인을 포함해 외국인이 많아서 조금 걱정되긴 했는데, 지금은 전혀 그렇지 않다"라고 말했다.

우리가 막아야 할 대상은 중국인이 아니다. 중국에서 발생한 코로나바이러스를 막아야 하고, 바이러스를 막는 현재의 가장 현실적인 방법이 검역일 뿐이다. 보수야당이 제기한 중국인 입국금지 주장은 국제규범에도 맞지 않고 과학적이지도 않은, 선거를 석 달 앞두고 나오는 정치적 주장에 불과하다. 중국인 입국금지는 우리가 막아야 할 또 하나의 혐오 바이러스일 뿐이다.

# 8일 차 　공항 밖으로 나간 바이러스

✚ **현재 상황**

확진자 4명(+1)
사망자 0명(+0)
완치자 0명(+0)

　어제 발생한 세 번째 확진자로 인해 상황이 변했다. 세 번째 확진자는 입국 과정에서 별다른 증상이 없었지만, 일상생활 중 증상이 발생해 확진자로 판명됐다. 오늘 발생한 네 번째 확진자도 공항에서 증상이 없었기에 동선에 특별한 제한이 없었다. 최장 14일로 추정되는 잠복기 입국자에 대한 대책이 필요해졌다.

　세 번째 확진자의 동선이 공개되자 시민들의 불안감이 커졌다. 인구가 밀집한 서울시 강남구와 경기도 고양시의 호텔, 음식점, 카페, 의원 등을 무방비로 활보한 사실이 드러났고, 사람들은 혹시나 확진자가 내 주변을 다녀갔는지 세부 정보를 확인하기 위해 바빠졌다.

　바이러스가 공항 밖으로 빠져나간 사실이 확인되자 정부는 감염병 위기경보 단계를 '주의'에서 '경계'로 격상했다. 문재인 대통령은 중국 우한에서 입국한 사람의 전수조사를 지시했다. 또한 모든 정보를 투명하게 공개하고 국민들에게 상황을 시시각각 전달할 것을 거듭 강조했다.

중국 우한의 상황은 날로 심각해졌다. 환자 폭증으로 의료체계가 마비되면서 극도의 혼란에 휩싸였다는 보도가 이어졌다. 엄청난 속도로 늘어난 환자들이 속속 병원을 찾았으나 인력, 물품 등 모든 것이 태부족이었다. 정부는 우한 교민 철수를 위해 전세기를 띄우겠다고 발표했다. 미국, 일본, 프랑스도 전세기 투입 계획을 밝혔다.

정치권도 분주해졌다. 여당인 더불어민주당은 검역체계를 강화하는 검역법 개정안을 2월 임시국회에서 처리하겠다고 밝혔다. 야당인 자유한국당은 중국인 입국금지를 당장 검토하라고 촉구했다. 여야 모두 당내에 관련 팀을 설치하겠다고 발표했다.

▶ 감염병 위기경보 수준

| 구분 | 위기 유형 | | 주요 대응 활동 |
|---|---|---|---|
| | 해외 신종 감염병 | 국내 원인불명·재출현 감염병 | |
| 관심 (Blue) | 해외 신종 감염병 발생 및 유행 | 국내 원인불명·재출현 감염병의 발생 국내 원인불명·재출현 감염 | • 감염병별 대책반 운영(질본) • 위기 징후 모니터링 및 감시 • 필요시 현장 방역 조치 및 방역 인프라 가동 |
| 주의 (Yellow) | 해외 신종 감염병의 국내 유입 | 국내 원인불명·재출현 감염병의 제한적 전파 | • 중앙방역대책본부(질본) 설치·운영 • 유관기관 협조체계 가동 • 현장 방역 조치 및 방역 인프라 가동 • 모니터링 및 감시 강화 |
| 경계 (Orange) | 국내 유입된 해외 신종 감염병의 제한적 전파 | 국내 원인불명·재출현 감염병의 지역사회 전파 | • 중앙방역대책본부(질본) 운영 지속 • 중앙사고수습본부(복지부) 설치·운영 • 필요시 총리 주재 범정부 회의 개최 • (행안부) 범정부 지원본부 운영 검토 • 유관기관 협조체계 강화 |
| 심각 (Red) | 국내 유입된 해외 신종 감염병의 지역사회 전파 또는 전국적 확산 | 국내 원인불명·재출현 감염병의 전국적 확산 | • 범정부적 총력 대응 • 필요시 중앙재난안전대책본부 운영 |

(출처: 보건복지부, 「'감염병 재난' 위기관리 표준매뉴얼」(2019.02.)

# 9일 차     국회에서 걸려온 전화

✦ **현재 상황**                                                    COVID-19 REPORT

확진자 4명(+0)
사망자 0명(+0)
완치자 0명(+0)

오후 늦게 전화벨이 울렸다. 더불어민주당 당대표비서실장의 전화였다. 20대 국회 마지막 비례대표를 승계하라는 내용이었다. 순간 모든 것이 복잡해졌다. 20대 국회는 4개월밖에 남지 않은 시점이고, 건강보험심사평가원(이하 심평원) 심사평가연구소장으로 새롭게 추진하고 개편할 일들도 많았다. 솔직히 말해서 4개월 뒤 '초선 백수'의 삶이 그려지지 않는다. 내일까지 답을 드리겠다는 말로 전화를 끊었다. 복잡한 마음과는 무관하게 상황은 나빠져갔다. 설날이 지나고 열린 주식시장에서 종합주가지수는 70포인트가 폭락했다. 2,176으로 마감한 코스피는 2018년 이후 최악의 지수 하락폭을 기록했다고 한다. 마스크 품귀 현상도 시작됐다. 전문가들이 대중교통이나 많은 사람이 모이는 곳에서 마스크를 쓰라고 권하면서 재고가 빠르게 줄어들었다. 한국에 온 중국인 관광객들이 앞다투어 마스크를 대량 구매했다는 소식도 들렸다. 온라인에서는 몇 분 사이에 5,500원 하던 마스크가 1만 7,900원으로 값이 뛴 사례도 나왔다. 문의가 쇄도한 질본 콜센터 1339는 하루 종일 먹통이었다.

불안하고 답답한 시민들 사이에서는 가짜뉴스와 유출뉴스가 범벅이 돼 혼란을 키웠다. 서울 지하철역에서 중국인이 갑자기 쓰러졌다는 SNS, 확진자가 일산 대형 쇼핑몰을 다녀갔다는 소문은 모두 가짜였으나 시민 개개인이 진위를 확인할 방법은 없었다. 의정부에서는 의심환자 이송 동향 보고서가 유출됐고, 부산에서는 개인정보가 담긴 '코로나바이러스 감염 우려자 발생 보고'가 빠르게 확산됐다. 공식 발표를 신뢰하라는 정부의 말은 솔직히 크게 와닿지 않았다. 메르스 때 잃어버린 국민의 신뢰가 아직 돌아오지 않았다.

바이러스가 중국에서 시작됐다는 이유로 중국인 입국금지를 요구하는 목소리는 힘을 얻었다. 하지만 반대 목소리도 만만치 않았다. 모 배달앱 노조는 중국인 밀집 지역 배달 업무 금지 또는 위험수당 지급을 요구했다가 논란이 일자 소수자 혐오 표현을 사과했다.

정부는 코로나 유증상자와 관련해 감시와 관리가 필요한 대상을 규정하는 '사례정의'를 바꿨다. 중국 전역을 검역대상 오염지역으로 지정했고 모든 중국발 입국자에 대해 건강상태 질문서 작성도 의무화했다. 어제 대통령의 지시에 따라 기존 우한발 입국자 3,023명에 대한 전수조사도 시작했다. 대상자 전원에게 일일이 전화를 걸어 모니터링하는 지난한 작업이다.

## 사례정의란?

사례정의는 감염병의 감시와 대응, 관리가 필요한 대상을 정리한 것이다. 쉽게 말해 어떤 환자를 의심환자로 보고 관리할지 기준을 잡은 것이다. 보건소, 선별진료소, 의료기관의 코로나19 대응을 위한 업무 구체화를 위해 필요하다.

정부는 코로나19 사태가 벌어진 이래 사례정의를 거듭 수정하면서 방역망을 넓게 펼쳐왔다. 이는 지역사회 감염 사례의 적극적인 확인과 조치를 수행하는 데 필수적이다.

질병관리본부는 2월 20일부터 보건소와 선별진료소 의료기관의 업무 구체화 및 사례정의를 개정한 바 있다.

① 중국(홍콩, 마카오 포함) 방문 후 혹은 확진환자와 접촉 이후 14일 이내에 발열 또는 호흡기증상(기침, 인후통 등)이 나타나거나, '의사의 소견'에 따라 입원이 필요한 원인미상의 폐렴이 확인되면 바로 의사환자擬似患者로 분류해 격리조치 할 수 있도록 사례정의를 변경[*] 한 바 있다.

[*]  질병관리본부(2020.02.20.)

이와 함께 ② 조사대상 유증상자 사례정의를 변경해, 코로나19 발생 국가 및 지역에 방문 후 14일 이내에 발열 또는 호흡기증상이 발현하거나, '의사의 소견'에 따라 코로나19가 의심된다면 유증상자로 분류되어 정밀검사를 받을 수 있도록 변경했다.

▶ 의사환자 사례정의 변경

| 변경 전(5판) | 변경 후(6판) |
| --- | --- |
| 중국 방문 | 중국(홍콩, 마카오 포함) 방문 |
| 확진환자와 밀접접촉 | 확진환자와 접촉 |
| 코로나19 역학적 연관성이 의심되는 자 | 의사의 소견에 따라 입원이 필요한 원인미상 폐렴인 자 |

▶ 조사 대상 유증상자 사례정의 변경

| 변경 전(5판) | 변경 후(6판) |
| --- | --- |
| 신설 | 코로나19 발생 국가·지역 방문 후 14일 이내 발열 또는 호흡기증상(기침 인후통 등)이 나타난 자 |
| 신설 | 의사의 소견에 따라 코로나19가 의심되는 자 |

# 10일 차　　정쟁이 방역을 만날 때

확진자 4명(+0)
사망자 0명(+0)
완치자 0명(+0)

　난리가 났다. 트랙터와 화물차가 도로를 막았고 곳곳에 바리
케이드가 쳐졌다. 길가에 걸린 결사반대 현수막 앞에는 주민들이
격앙된 목소리로 항의 시위를 벌였다. 아산과 진천이었다. 어제
정부는 우한에서 귀국하는 교민들을 격리하고 잠복기 종료까지
생활을 지원하기 위해 점검회의를 열었다. 가장 큰 문제는 대체
어디에 격리하느냐는 것이었다. 행정안전부 관계자는 구체적 장
소를 밝힐 수 없다고 했지만, 외교부 사전 자료에는 천안에 위치
한 우정 공무원 교육원과 국립 중앙청소년 수련원 2곳이라고 기
재되어 있었다. 두 시설은 청주공항에서 차량으로 20분 이내에
이동이 가능하고 인근에 음압병상을 운영하는 단국대병원이 있
어서 응급상황에 대처가 가능했기 때문이다.
　이 사실이 알려지자 천안은 크게 반발했다. 지역주민과 협의

도 없었고 안전도 담보할 수 없다는 것이다. 호주와 뉴질랜드가 본토에서 2,000킬로미터 떨어진 크리스마스섬에 격리하기로 했다는 외신 뉴스는 불에 기름을 붓는 격이었다. 총선을 앞둔 일부 자유한국당 예비후보자들은 정부를 강하게 규탄하며 이 사안을 정치쟁점화했다. 이후 외교부 공식 브리핑에서 보호시설 지정 내용이 지워졌지만 혼란까지 삭제되지는 않았다.

오늘 정부는 중국 교민 720명을 데려오겠다고 밝혔다. 그런데 격리 지역이 어제와 달랐다. 천안이 아니라 아산 경찰인재개발원과 진천 국가공무원인재개발원이 우한 교민 임시 생활시설로 결정됐다. 정부의 설명은 이렇다. 귀국 희망 인원수가 당초 150명에서 700명 수준으로 크게 늘었고, 처음 논의하던 시설은 2인실 위주라서 규모와 관리 면에서 적절하지 않았다는 것이다. 주민들은 정부의 친절한(?) 논리에 트랙터로 응답했다. 30일 찾아온 행정안전부 장관을 기다린 것은 계란 투척이었다. 인구가 많은 천안이 반발하니 인구가 적은 아산과 진천으로 바뀌었다는 주장이 정부측 해명보다 훨씬 설득력이 높은 상황이다. 자유한국당 소속이었던 해당 지역구 의원은 성명서를 내고 정부를 강력하게 규탄했다. 만약 정부가 미리 시나리오를 준비하고 매뉴얼을 만들었더라면 생기지 않았을 일이다. 더 양보해서 최종 결론이 나기 전까지 신중을 기했더라면 이런 지역갈등은 없었을 것이다. 30일 국회에 출석한 보건복지부 차관은 "임시 생활시설 보호를 준비하는 과정에서 충분한 시간적 여유가 없어 사전에 해당 지역 주민들의 동의와 양해를 구하는 데 소홀했다"라며 사과했다. 명백한 실수다.

강원도 원주에서 TV를 보는 둥 마는 둥 하며 고민하다가, 문득 약속이라는 단어를 떠올렸다. 오늘 벌어진 이 사달도 결국 말 바꾸기 논란이 아니던가. 비례대표 명단에 이름을 올린 것은 일종의 약속과 같은 것이다. 지금은 공공기관 업무를 수행하고 있지만, 4년 전 당과 국민께 먼저 한 약속을 지키는 것이 순리라는 생각이 들었다. 코로나바이러스 극복을 위해 국회에서 해야 할 일들도 연이어 떠올랐다.

전화기를 들었다. "대표님, 20대 국회 비례대표 의원직을 승계하겠습니다."

# 11일 차 2차 감염자 발생

**✚ 현재 상황**　　　　　　　　　　　　COVID-19 REPORT

확진자 6명(+2)
사망자 0명(+0)
완치자 0명(+0)

　　국내 확진자와 접촉해 코로나바이러스 감염증에 걸린 첫 사례가 나왔다. 2차 감염이다. 3번 확진자와 점심을 먹은 후 6번 확진자가 된 이 남성은 능동감시 중이었다.

　　능동감시 대상자는 밀접접촉자보다 한 단계 낮은 관리를 받는다. 밀접접촉자가 자가격리 대상인 반면 능동감시는 매일 전화로 증상을 점검받는다. 바이러스 전파 가능성을 낮게 본다는 의미다. 능동감시 대상자 중에 확진자가 나왔다는 것은 관리대상 분류체계가 적절했느냐는 문제를 낳는다. 적절한 관리를 받지 못하는 능동감시자로 인해 확산 가능성이 높아지기 때문이다. 다만 일부 전문가는 능동감시 대상자 중에서 2차 감염자가 확인된 것을 긍정적으로 평가하기도 했다. 바이러스가 아직 방역체계의 통제 범위 내에 있다는 것이다.

오늘 대통령은 가짜뉴스에 대해 단호하게 대처할 것을 주문했다. 범국가적으로 역량을 모아도 모자랄 상황에서 국민 불신과 불안을 조장하는 가짜뉴스는 방역을 방해하고 안전을 저해하는 중대한 범죄행위라고 지적했다.

실제로 SNS를 중심으로 가짜뉴스가 무분별하게 확산되고 있다. 유튜브에는 중국 길거리에서 사람들이 갑자기 픽픽 쓰러지는 영상, 누워 있는 사람이 그냥 방치되고 의사가 진료 도중 쓰러지는 영상이 넘쳐난다. 한술 더 떠 사기행각도 나왔다. '우한 폐렴 감염자 및 접촉자 신분정보 확인하기'라는 제목으로 이목을 끈 뒤 특정 사이트 가입을 유도해 돈을 뜯는 식이다.

서울 성북보건소, 광주광역시, 태안군에서는 일부 공무원들이 개인정보를 무단유출 하는 사건도 발생했다. 중앙사고수습본부는 "접촉자의 개인 신상정보가 필요 이상으로 노출됨으로써 불필요한 차별이나 과도한 불이익을 받게 되면 오히려 역학조사에 충분한 협조를 받는 데 방해가 될 수 있다"라고 경고했다. 문건을 유출한 공무원들은 개인정보보호법 위반 혐의로 검찰에 송치됐다.

한편 중국유학총교우회 등 민관이 함께 마스크 200만 장, 방호복 10만 개 등 500만 달러 규모의 물품을 중국에 지원하기로 결정했다. WHO는 긴급 이사회를 다시 열어 PHEIC 선포를 재차 검토하기로 했다.

## '인포데믹'은 코로나19와 같은 전염병?

'인포데믹Infodemic'은 'Information+Epidemic'의 합성어로 잘못된 정보가 감염병처럼 사람들에게 퍼지는 것을 의미한다. 코로나19 사태로 이 단어가 본격적으로 알려지게 되었으며, '가짜뉴스'와 같은 의미를 가지는 단어라고 할 수 있다. 세계보건기구의 테워드로스 총장이 "우리는 코로나19 팬데믹과만 싸우는 것이 아니라 인포데믹과도 싸우고 있다"라고 언급하면서 널리 알려진 용어다.

자연재해, 재난, 감염병 유행 등 국가의 발 빠른 대처와 국민의 침착한 대응이 필요할 때, 확인되지 않은 신뢰성 없는 정보가 퍼지게 될 경우 불안과 공포가 확산하게 된다. 감염병 사태에서는 정확한 정보로 감염의 '확산'을 막는 것이 중요하기 때문에 잘못된 정보 유통을 경계해야 한다.

국내에서도 초기 코로나19 유행 사태에 확인되거나 검증되지 않은 예방법 등이 인터넷으로 광범위하게 퍼졌다. 실제 성남시의 모 교회에서는 교인들에게 소금물로 가글을 하면, 코로나19 방역을 위한 소독이 가능하다는 잘못된 정보를 전파해 코로나19 집단감염 사태를 발생시켰다.

남양주시에서는 40대 여성이 혼자서 방역하겠다며 집 안에 공업용 메탄올을 뿌렸다가, 중독 증세로 두 자녀와 함께 병원 신세를 졌다. 이란에서도 체내 바이러스를 죽인다며 메탄올을 마셨다가 40여 명이 숨지는 일이 벌어졌다. 방송통신위원회는 허위조작정보 문제 해결의 기본 원칙으로 안전장치 마련, 표현의 자유를 침해하지 않으려는 노력, 정보·절차 투명성 확보, 이해관계자 간 협력, 단순 해결책 지양과 장기 대책 마련, 공개적 의견수렴, 정기적 검토 등을 제시하고, 언론사의 '팩트 체크' 기능 강화를 당부했다.

# 12일 차 혼란은 계속되고

**✦ 현재 상황**

확진자 11명(+5)
사망자 0명(+0)
완치자 0명(+0)

WHO가 국제 공중보건 비상사태[PHEIC]를 선포했다. WHO는 중국에 대한 교역 및 여행 제한에 반대한다고 했지만 많은 국가가 비자 발급과 항공기 운항을 중단했다. 미 국무부는 중국 전역에 여행경보 4단계를 발령했다. 통상적 예방이 1단계, 주의 강화가 2단계, 여행 재고가 3단계, 여행금지 권고가 4단계로서 사실상 여행금지령에 가깝다.

국내에서도 혼란은 계속됐다. 확진자 동선 공개를 두고 질본과 지자체가 부딪혔다. 서울시장은 정보가 실시간으로 공개되지 않으면 시민 불안이 커진다며 중앙정부의 늑장 공개를 지적했다. 경기도는 중앙정부가 밝히지 않은 3번 환자의 동선을 추가로 공개했다. SNS상에는 5번, 6번 환자와 접촉자 정보가 삽시간에 퍼져나갔다.

반면 보건복지부 차관은 브리핑에서 "법에 따라 질병관리본부가 전체적인 통제를 해야 한다"라며 "지자체가 독자적으로 따로 정보를 공개해 혼란을 일으키지 않는 협조가 매우 중요하다"라고 강조했다. 중앙정부와 지자체의 발표가 달라서 발생하는 혼선을 우려한 것이다. 전문가들은 신속한 정보 공개를 지지하는 의견과 정확한 확인 후 공개가 필요하다는 의견으로 엇갈렸다.

바이러스의 지역사회 전파 우려도 커졌다. 5번 확진자가 영화관을, 8번 확진자가 대형마트를 다녀간 사실이 밝혀지자 해당 업소는 휴업과 방역에 들어갔다. 다중이용시설을 통한 지역사회 전파 가능성이 높아지자 질본은 선별진료소를 확대하기로 했다.

아산과 진천은 우한 교민을 받아들이기로 했다. 시민들의 공감능력이 사태를 해결하는 데 결정적 역할을 했다. 주민들은 수용 반대 입장을 철회하고 '우한 형제님들 생거진천[*]에서 편히 쉬어가십시오'라는 플래카드를 내걸었다. 동료 시민의 아픔을 보듬는 큰 결정이었다. 우한 교민을 철수시키고 현지에 남았던 정다운 영사는 교민들과의 단체 대화방에 "마지막 전세기에 교민들이 무사히 탑승해 이륙한 후 집으로 돌아오는 차 안에서 펑펑 울었다. 남은 고립된 분들께서도 조금만 버텨달라"라는 글을 올렸

---

[*] 생거진천 사거용인生居鎭川 死居龍仁. "살아서 진천이요, 죽어서 용인이라"라는 말에서 유래했다.

다. 온라인에서는 위로와 응원이 이어졌다.

오늘 여의도로 첫 출근을 했다. 짐을 풀기도 전에 '더불어민주당 신종 코로나바이러스 대책특별위원회' 활동이 기다리고 있었다. 오후에는 원주로 이동해 심평원 연구소장 이임식을 치뤘다. 왠지 모를 아쉬움이 컸다. 감염병 긴급사태가 발생한 상황이고 아무 관련 없는 곳으로 떠나는 것이 아니라는 말로 마음을 다잡았다.

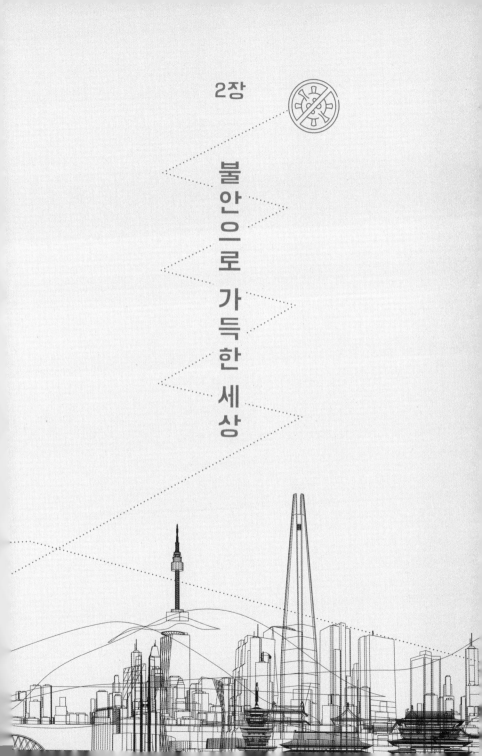

2장

불안으로 가득한 세상

# 12일 차     무증상 감염도 가능?

**✦ 현재 상황**                                        COVID-19 REPORT

확진자 15명(+4)
사망자 0명(+0)
완치자 0명(+0)

　　발열이나 인후통 등 증상이 없는 잠복기에도 바이러스가 전파될 수 있다는 주장은 계속 제기돼왔다. 지난 1월 28일 중국 보건당국이 이러한 내용을 발표하자 국내 의학계는 의견이 분분했다. 당시 질본은 비말(침방울)을 통해 감염되는 코로나바이러스의 특성상 잠복기 감염 가능성은 높지 않다고 판단했다. 신종 코로나바이러스 감염증의 사촌이라고 할 수 있는 사스나 메르스의 경우 증상이 발현된 후에야 감염력을 보인다는 점도 고려됐다.

　　하지만 일본에서도 무증상 감염자가 확인됐고 전문가들 사이에서는 무증상 감염 가능성을 배제할 수 없다는 의견이 우세해졌다. 어느 교수는 "현재 가장 많은 정보를 갖고 있는 곳이 중국"이라며 "일단은 중국 당국의 발표를 무겁게 받아들여 잠복기 전염 가능성을 염두에 두어야 한다"라고 지적했다.

오늘 보건복지부 장관은 "증상이 발현되는 초기 단계에 무증상 상태가 있다고 본다"라고 밝혔다. 다만 과학적 기준에 따른 무증상은 아니고 주관적으로 증상을 못 느끼는 무증상이라는 설명이다. 문제는 증상을 못 느낄 수 있다는 의미가 단순히 개인 차원을 넘어 나도 모르는 사이에 바이러스 슈퍼전파자가 될 수 있다는 점이다. 보건복지부는 의학적 기준을 다소 넘더라도 과감한 대책을 시행하기로 했다.

이렇게 되자 마스크의 중요성은 더욱 커졌다. 마스크 대란도 심각해졌다. 정부는 마스크 생산업체에 현행 하루 800만 개에서 1,000만 개로 생산을 늘려줄 것을 독려하고, 사재기 등 시장교란 행위를 강력하게 단속하겠다고 밝혔다. 정세균 국무총리는 "위기경보 단계를 경계 상태로 유지하되 총리가 직접 상황 관리를 하는 등 심각 단계에 준해 대응하겠다"라고 강조했다. 하지만 온라인에는 이런 글들이 올라왔다.

"2주 전에 3만 9,000원 주고 산 마스크 60개가 지금 23만 원이네요." "50개를 150만 원에 올려놓은 곳도 봤어요."

답답한 국민들은 서로 정보를 공유하기 시작했다. 정부가 나열식으로 열거한 확진자 동선을 이미지와 그래픽으로 알아보기 쉽게 정리한 코로나맵이 특히 인기였다. 자세한 내용은 방역당국 홈페이지에 훨씬 더 많았으나 국민들은 앱 등 민간채널을 의존했다. 정부가 너무 많은 정보를 불친절하게 나열했기 때문이다.

안 보이는 옷은 없는 옷이다. 찾을 수 없게 만든 정보는 정보가 아니다. 정부의 감염병 정보 전달체계가 실제로 작동하려면 내용만이 아니라 형식에서도 국민 눈높이를 맞춰야 한다. 공공 API Application Program Interface 활용 등 다양한 민관협력체계를 마련하려는 노력이 필요하다.

# 15일 차    12척의 배

✦ **현재 상황**
COVID-19 REPORT

확진자 15명(+0)
사망자 0명(+0)
완치자 0명(+0)

　"今臣戰船 尙有十二(금신전선 상유십이)." 명량해전을 앞두고 이순신 장군은 "신에게는 아직 12척의 배가 있습니다"라는 그 유명한 장계를 올린다. 그리고 전투에 나아가 적 함대 133척 중 31척을 격파하고 크게 이긴다. 세계 해전사에 유례를 찾을 수 없는 완전무결한 승리였다.

　안타깝게도 방역에 12척의 배는 없다. 12개의 진단키트로는 12명만 검사할 수 있고 12개의 치료제로는 12명만 구할 뿐이다. 방역은 한정된 자원을 어떻게 최대한 효율적으로 배분하느냐는 문제를 근본적으로 안고 있다. 그렇기 때문에 완벽한 방역이란 사실상 불가능하다. 필연적으로 생길 수밖에 없는 '공백'을 어떻게 막을 것이고, 한정된 자원이라도 평소 얼마나 준비할 것인지 싸움을 해야 한다. 하지만 평시에 전시를 생각하는 경우는 드문

법. 어떤 정치인은 공공의료를 담당하는 진주의료원을 폐쇄하지 않았던가.

오늘 새 확진자는 추가되지 않았다. 중대본은 오전까지 조사 대상 490명에 대해 진단검사를 했고 414명이 음성으로 나와 격리를 해제했다고 밝혔다. 몇 줄에 불과한 그 브리핑의 행간에 얼마나 많은 의료인의 땀방울이 묻어 있는지 사람들은 잘 모른다.

역학조사관 인력이 턱없이 부족하다. 2015년 메르스 당시에도 역학 조사관 부족 문제가 제기됐지만 큰 변화는 없었다. 중앙방역대책본부 소속 77명, 각 시도 소속 53명 등 총 130명이 조사관의 전부다. 반면 현재 확진자는 15명이며 접촉자는 683명이다. 조사관들이 확진자의 진술을 받아내고 카드 내역을 하나하나 확인하고 CCTV로 환자 이동경로를 파악하는 일들은 정체될 수밖에 없다. 질본은 인력 확충을 위해 역학 전공 민간인과 역학조사관 교육이수자 등을 찾아내기 시작했다.

부족한 인력으로 질본은 최선을 다하고 있다. 그러나 빈틈을 모두 메우기에는 역부족이다. 12번 환자는 중국이 아닌 일본에서 감염됐고, 일본 보건당국이 중국에만 알리는 바람에 우리 방역에 구멍이 뚫렸다. 정은경 본부장은 다른 나라들과 개선 방안을 협의 중이라고 말했다.

교육부는 확진자 발생 지역의 유치원과 초등학교, 중·고등학교에 개학 연기 또는 휴업을 할 수 있도록 했다. 경제부총리는 경제 관계 장관회의를, 산업통상자원부 장관은 수출 상황 점검회의를 열고 대응책을 모색했다. 11일 만에 개장한 중국 증시는 2015년 이후 가장 큰 폭으로 폭락했다.

# 16일 차    후베이성 입국 전면금지

---

✚ **현재 상황**

COVID-19 REPORT

확진자 16명(+1)
사망자 0명(+0)
완치자 0명(+0)

오늘 0시를 기준으로 2주 이내 후베이성을 방문한 모든 외국인의 입국이 금지됐다. 중국 전역에 대해서는 내국인과 외국인 모두 특별입국 절차를 거치도록 했다. 제주 무비자 입국도 중단시켰고, 중국 전용 입국장도 별도로 만들기로 했다. 특별입국 관리를 위한 애플리케이션 설치도 검토됐다. 앞서 미국과 일본도 유사한 결정을 내렸다. 미국은 2일 17시를 기준으로 2주 이내 중국에 다녀온 외국인의 입국을 금지했다. 일본, 호주, 뉴질랜드, 싱가포르, 대만 등도 앞다투어 유사한 조치를 취한 바 있다. 우리 정부도 지난 2일 같은 결정을 내렸다.

하지만 야당은 일제히 뒤늦은 조치라며 비판에 나섰다. 광저우 등 감염 확산 지역이나 중국 전역을 금지해야 한다는 주장도 나왔다. 대한감염학회 등도 후베이성 이외의 중국 지역에서 발생하는 사례가 40%라며 위험지역에서 오는 입국자 제한을 권고했다.

싱하이밍 신임 주한 중국대사는 여론의 눈총을 받기도 했다. 이례적 브리핑을 자처한 싱 대사는 우리 정부의 조치를 평가하지 않겠다고 하면서도, WHO의 가이드를 따르면 된다며 우회적으로 비판했다. 우리 대통령에게 신임장을 제출하기도 전에 국력을 과시하는 것 같은 느낌이었다. 싱 대사의 의중은 알 수 없으나 결과적으로 중국인 입국금지 주장에 정서적인 힘을 실어주는 브리핑이었다.

질본은 대응지침을 일부 변경했다. 기존 밀접접촉자와 일상 접촉자 구분을 폐지하고 일괄 접촉자로 구분 후 자가격리하도록 했다. 자가격리에 따른 생활 지원과 유급휴가 비용은 정부가 지원하기로 했고, 만일 협조하지 않으면 형사고발하기로 했다. 2015년 메르스 사태 때도 1인 가구 43만 원 등 생활비를 지원한 바 있다.

오늘 발생한 16번 확진자는 또 다른 고민을 안겨줬다. 질본의 사례정의 바깥에서 확진자가 발견된 것이다. 16번 확진자는 중국이 아닌 태국에서 입국했기 때문에 사례정의에 따르면 코로나 검사 대상자가 아니었다. 사례정의와 대응지침을 지속적으로 업데이트하는 것 말고는 현실적인 대안이 없다.

가짜뉴스를 작성하고 유포한 사람이 처음으로 검거됐다. 27세 회사원인 A 씨는 "지인에게 받은 보고서 형태의 메시지를 장

난삼아 몇 글자 바꿔 보냈는데 이렇게 많이 퍼질 줄 몰랐다"라고 경찰에 진술했다. 35세 B 씨는 상황이 심각해지자 경찰에 자수했다. 그러나 경찰청은 "가짜뉴스의 최초 생산자는 물론 중간 유포자까지 적발해서 업무방해, 명예훼손 등 혐의로 엄정히 처리하겠다"라고 강조했다.

### WHO: "낙인찍기를 하면 무슨 일이 벌어질까?"

낙인찍기는 사람들이 코로나19와 같은 전염병을 특정한 사람들과 결부시킬 때 생긴다. 코로나19의 경우에 발생 지역에서 온 사람들에 대한 낙인찍기가 증가하고 있다. 낙인찍기는 낙인찍힌 대상과 잠재적 질병을 부정적으로 연관하여 특정인에게 꼬리표 달고, 편견을 갖고, 신분 상실이나 차별을 느끼게 한다. 낙인찍기는 병을 숨기려 하고, 치료받기를 망설이며, 정상적 행동을 피하게 한다.

낙인찍기에 대처하려면 ① 사실을 널리 알리고, ② 존경받는 인사를 활용하고, ③ 경험자의 완치 사례를 널리 알리고, ④ 매체보도가 균형 잡혀야 하고, ⑤ 모든 활동이 하나가 되어 모든 이에게 관심과 공감을 보이는 긍정적인 환경을 만드는 것이 중요하다.[*]

---

[*] 출처: WHO. Coronavirus, Situation Report 35.

# 17일 차    최초 완치자 퇴원

확진자 19명(+3)
사망자 0명(+0)
완치자 1명(+1)

완치자가 나왔다. 지난달 24일 입원한 2번 확진자다. 국립중앙의료원은 기자회견을 열고 경과를 설명했다. 에이즈 치료제인 칼레트라를 사용한 지 3일째 되는 날부터 흉부 엑스레이 검사에서 호전을 보였다고 한다. 신종 감염병인 만큼 기존보다 보수적인 기준을 적용해 신중하게 퇴원을 결정했다고 밝혔다. 마찬가지로 퇴원 예정인 최초 확진자 중국인 여성은 의료진에게 감사 편지를 보냈다.

코로나19가 완치될 수 있다는 사실에 국민들의 불안감은 한층 줄어들었다. 질본이 바이러스 분리에 성공해 유전정보를 공개한 것도 전망을 밝게 했다. 'BetaCoV/Korea/KCDC03/2020'으로 명명된 한국 분리주는 중국 바이러스와 99.5~99.9% 일치해 유전적 변이가 발견되지 않았다.

오늘 추가된 확진자 중 2명은 중국이 아닌 싱가포르에서 감염됐다. 어제 태국발 확진자가 발생한 뒤다. 중국발 입국자를 우선으로 코로나 검사를 하던 터라 방역당국의 고민이 깊어졌다. 정은경 본부장은 관리체계의 한계를 인정하면서 해외여행이력 정보제공 프로그램ITS을 통해 제3국 여행이력 정보도 제공하겠다고 밝혔다. 하지만 진단 역량이 하루 2,000여 개에 불과해 여행이력을 안다 해도 한계는 여전하다.

국회에서 만난 기모란 교수 등에게 많은 이야기를 들었다. 기교수는 국립암센터 예방의학과 교수로 감염병 대응의 권위자다. 민주당 특위가 주최한 전문가 간담회에서 기 교수 등 전문가들은 감염병 위기단계 격상이 간단한 일이 아니라고 우려했다. 코로나바이러스가 시기나 규모 면에서 어느 정도까지 확산될지 모르는 상황에서, 가용한 의료인력과 인프라를 고려하지 않은 채 위기단계를 올리는 것은 더 큰 혼란을 가져올 수 있다는 것이다.

전문가들은 무엇보다 장기전에 대비하며 과학적 분석을 통해 대응전략을 수정해가야 한다고 강조했다. 충분한 보호장비와 의료기관 지원 등 의료진 보호에 대한 당부도 있었다. 중국과의 역학 정보 공유도 주문했다. 고민은 깊어졌고 해야 할 일들은 넘쳐났다.

# 의사 분들과 모든 의료진께

Dear doctors and all of medical works.
I am writing to express my most sincere gratitude for what you did for me when I suffered this disaster. thank you for saved my life

Since my symptoms was not so obvious, I can not imaging that without your advanced medical technology and professional attitude, what will happen to me and my family.

I have been deeply moved by your neighborliness, you gave me meticulous care. As the saying goes in china, ' the healer has benevolence'(医者仁心), to me. you are more than that. all of you are my heroes, and I will never forget this experience. I will learn from you and try my best to help others for the rest of my life.

Thank you and your government once again for all you did for me, if there comes a day when we get over this illness. welcome to my hometown. you will always be my honored guests and best friends

Yours truly

확진자 감사편지

(1번 확진자 완치 감사편지. 인천광역시의료원 공식블로그에 게재된 편지를 번역했다.)

제가 이 재앙으로 고통받고 있을 때 여러분이 저를 위해 해주신 일에 진심으로 감사하는 마음을 표현하기 위해 이 편지를 씁니다. 제 목숨을 구해주셔서 감사합니다.

제 증상이 분명하게 나타나지 않았기 때문에 여러분의 선진화된 의료기술과 전문적인 자세가 아니었다면 저와 제 가족에게 어떤 일이 닥쳤을지 상상조차 하기 어렵습니다.

여러분의 좋은 이웃 같은 배려와 세심한 치료에 깊은 감동을 받았습니다. 중국에는 고치는 자는 마음이 어질다는 뜻의 '의자인심醫者仁心'이라는 말이 있는데, 여러분은 저에게 그 이상이셨습니다. 여러분 모두는 제게 영웅이고 저는 이 경험을 절대 잊지 않을 것입니다. 여러분께 배운 대로 저도 남은 생을 사는 동안 다른 사람을 돕는 데 최선을 다하겠습니다.

제게 베풀어주신 모든 것에 대해 의료진과 한국 정부에 다시 한번 감사드립니다. 훗날 우리가 이 질병을 이겨내고 나면, 여러분을 제 고향에 모시고 싶습니다.

여러분은 언제까지나 제게 가장 귀한 손님이자 절친한 벗입니다.

2020년 2월 5일

*** 드림

P.S.  중국인 차별 정서에 맞서 연대의 필요성을 되새기게 해준 중국인 여성의 편지는 이제 이 세상에 없다. 코로나19 오염을 우려한 인천의료원 측이 원본을 불태웠기 때문이다. 바이러스가 종이 위에서 최장 5일도 살 수 없다는 과학적 사실은 미지의 공포 앞에서 그저 한 줌 재로 사라졌다. 확진자가 국립박물관을 갔더라면 국보급 유물도 태울 기세였다.

의학적 지식을 가지고 있는 의료원조차 그랬을진대 일반인은 오죽할까. 이 사실이 당시에 알려졌다면 혼란은 더했을 것이다. 과학에 기반한 정확하고 적절한 대응의 중요성은 아무리 강조해도 지나치지 않다. 그러나 코로나19와 같이 새롭게 나타나는 감염병에 대응할 때 현장에서는 정확한 지침이 없는 상황에서, 책임을 감당하기 어려워 과잉대응을 하는 경우가 있다. 코로나19 상황에서 의료기관을 비롯한 공공기관의 대응을 세심하게 살펴보고 구체적인 가이드라인을 정비할 필요가 있는 것 같다.

# 18일 차  방역은 생물

**✚ 현재 상황**

확진자 23명(+4)
사망자 0명(+0)
완치자 2명(+1)

생물이라 불리는 영역이 있다. 가장 흔히 하는 말이 정치는 생물이라는 말이다. 오전의 적이 오후의 동지가 될 정도로 조변석개朝變夕改하기 때문이다. 수사는 생물이라는 말도 있다. 확보되는 진술과 단서에 따라 검찰의 수사대상과 결론이 완전히 달라지기에 그렇다.

방역도 생물이다. 그 특징을 전혀 알 수 없는 신종 바이러스라면 더더욱 그렇다. 과학적 단서가 점차 확보됨에 따라 대상과 결론이 달라지고, 대응 방식도 함께 진화하기 때문이다. 방역에서 일관성을 가져야 할 것은 외부의 영향 없는 합리적 판단과 투명한 정보공개, 그리고 국민과의 신뢰를 유지하는 일이다. 달라지지 않는다면 그것은 방역이 아니다. 방역은 현장의 상황과 정보가 달라짐에 따라 실시간 변화하기 때문이다.

방역이 생물이기에 오판 가능성은 늘 상존한다. 100미터 달리기로 알고 모든 자원을 쏟아부었는데 알고 보니 마라톤이라면 의료체계가 버틸 수 없다. 반대로 마라톤인 줄 알고 여유를 부리다가 골든타임을 놓치는 상황이 생길 수도 있다. 중요한 것은 오판과 실수의 가능성을 겸손히 인정하고 현황에 맞게 빠르게 대응하는 것이다. 방역 당국의 말이 자주 바뀐다고 탓해서는 안 된다는 뜻이기도 하다.

우리나라는 감염병에 취약한 구조를 갖추고 있다. 대중 사우나와 멀티플렉스 영화관, 노래방 등 다중이용시설이 많고 대부분의 시설이 24시간 또는 저녁 늦게까지 영업한다. 지역사회 전파가 일어날 경우 이러한 다중이용시설들은 슈퍼전파의 매개가 될 공산이 높기에, 방역당국의 고민이 클 수밖에 없다.

오늘도 질본은 사례정의를 변경했다. 중국 여행이력이 없더라도 코로나19 감염이 의심될 경우 검사를 할 수 있도록 대상을 확대하기로 했다. 정은경 본부장은 "사례를 넓히다 보면 감염원을 추정하기 어려운 지역사회 감염 환자가 발생할 수 있다"라고 미리 설명했다. 질본은 집념도 보여줬다. 대통령이 우한발 입국자 전수조사 지시를 한 후 2,991명을 모두 조사하는 과정에서 23번째 확진자를 발견해냈다.

국회에 등원한 지 일주일 만에 긴급하게 법안을 발의했다. 의료기관에게 환자의 여행이력 정보 확인을 의무화하는 내용의 '감염병의 예방 및 관리에 관한 법률' 일부 개정법률안이다. 4번 확진자의 사례를 확인하고 제출한 법이다.

지난달 27일 발생한 4번 확진자는 확진 판정을 받기 전에 감기 증세로 병원을 찾았다. 이 병원에는 해외 여행력 정보제공 프로그램$^{ITS}$을 통해 해당 환자가 중국 방문자임이 확인됐다. 병원 측은 환자가 우한 방문을 특정하지 않았다고 해명했다. 만약 병원에서 정확하게 확인했더라면 4번 확진자의 접촉자 수가 172명까지 늘어나지는 않았을 것이다.

심평원의 시스템은 상당히 정교하다. 의료기관들은 심평원의 수진자 자격조회, ITS를 통해 환자의 여행이력을 확인할 수 있고, 의약품안전사용서비스$^{DUR}$를 통해 진단받은 환자의 처방 내용을 실시간 확인할 수도 있다. 하지만 법적 의무사항이 아니기에 ITS를 실제로 이용한 의료기관은 1월 25일 기준으로 54.1%, 전체의 절반에 그치고 있다.

이에 의료기관 및 약국 종사자가 방문환자의 여행이력을 확인하도록 의무화하는 내용의 법안을 1호 법안으로 발의했다. 이후 법안은 다른 법안과 병합심사된 후 발의 20일 만인 2월 26일에 국회 본회의를 통과했다. 처벌 조항이 끝내 삭제돼 아쉽기는 했지만, 이례적으로 신속한 통과였다.

# 21일 차   의학의 관점과 방역의 관점

✚ 현재 상황

COVID-19 REPORT

확진자 27명(+4)
사망자 0명(+0)
**완치자 3명(+1)**

　당신 몸속에 악성종양이 발견됐다고 가정하자. 의사는 개복수술을 권유한다. 빨리 제거하자는 의사의 말을 듣고 당일 수술대에 누울 수 있을까? 아마도 쉽지 않을 것이다. 수술비 고민부터 시작해서 회사에 연차를 내거나 가게를 휴업할 시점도 고민해야 한다. 가족들과 의논도 해야 하고 극단적인 경우라면 유언까지 생각해봐야 한다. 모든 고려를 한 끝에 적당한 수술 날짜를 잡게 된다.

　의학의 관점과 방역의 관점은 다르다. 의사는 의학적으로 생각한다. 바이러스를 막기 위해서라면, 아마 쇄국도 불사할 것이다. 국가의 모든 자원을 바이러스 박멸에 투입하라고 요구할 수도 있다. 반면에 방역은 종합적인 고민이다. 보건의료적 판단에 더해 외교와 경제 문제까지 고려하지 않을 수 없다. 가장 옳은 것이 아니라 현실적 제약 속에서 가장 가능한 것을 골라야 하는 어

려움이 있다. 누가 맞는지는 상황이 끝나봐야 결과적으로 알게
된다.

　최근 의협은 감염병 위기단계를 '심각'으로 격상할 것을 줄기
차게 주장하고 있다. 의학적으로 충분히 가능한 요구다. 의사들
은 최악의 상황을 상정해 이야기하도록 훈련받는다. 자기공명영
상법MRI 촬영 전에 사망 위험을 포함한 부작용을 설명하는 동의
서에 사인을 받는 식이다. 하지만 의협의 '심각' 단계 격상 주장
은, 최악이 어디인지 모르는 상황이기에 섣불리 받아들이기 어렵
다. 감염병 발생지인 중국조차도 최고단계의 경보를 발령하지 않
은 상태다.

　정부는 의협의 주장과는 달리 현행 유지를 선호했다. 저장성,
광둥성 등 중국에 대한 추가 입국 제한도 검토했다가 후베이성만
제한하는 것으로 결론지었다. 중국발 입국자가 6일 만에 60% 감
소해 상황을 좀 더 지켜보기로 했다는 설명이다.

　하지만 마냥 손을 놓은 것은 아니었다. 중앙사고수습본부는
입원 중인 원인불명 폐렴 환자에 대해 중국 등을 다녀온 사실이
확인되면 전원 진단검사를 하기로 했다. 지역사회 감염에 대비해
역학조사 인력을 늘리고, 현재 10개인 중앙 즉각대응팀을 30개
까지 늘릴 예정이라고 밝혔다. 12일부터는 중국발 모든 입국자가
자가진단 앱을 깔고 보건당국에 상태를 보고하도록 했다.

## 올바른 마스크 착용법은?

의협은 2월 7일 질병관리본부와 식품의약품안전처, 미국 질병통제예방센터(CDC)* 등의 기준에 근거해, 바람직한 마스크 착용 기준에 대해 권고했다. "권고 대상 가운데 판매원·택배기사 등 다수의 사람과 접촉해 응대하는 직업 종사자들의 마스크 착용이 특히 중요하다."

즉, 건강한 성인이라면 일상생활에서 반드시 마스크를 쓸 필요는 없다는 것이다. 그래도 감염병 예방 차원에서 마스크를 착용하려면, 실외보다는 실내에서 마스크를 착용하는 게 더 도움이 된다고 전문가들은 말한다. 또한 면마스크 재사용은 권하지 않는다. 다만 마스크를 쓰지 않는 것보다는 면마스크라도 사용하는 것이 도움이 된다는 입장을 추가로 밝혔다.

미국 CDC는 마스크 착용에 대해 다음과 같이 발표했다.

### 1차 발표
- CDC는 건강한 사람이 호흡기 바이러스로부터 보호하기 위해 마스크를 쓰는 것을 권장하지 않는다.

---

\* 미국 질병통제예방센터Centers for Disease Control and Prevention, CDC는 미국 보건복지부 산하 기관으로 양질의 건강 정보를 제공하고 주 정부의 보건부서 등과 연계하여 공중보건 및 안전개선을 위해, 질병 예방 및 통제 수준을 개선하고 환경보건, 산업안전보건, 건강증진, 상해예방 및 건강교육 등 다양한 정책을 담당하고 있다.

- 호흡기 증상이 있거나(타인 감염 방지), 의료계에 종사하는 사람, 다른 사람을 간병하는 사람은 필수적으로 마스크를 착용해야 한다.

**2차 발표**
- 의료용 마스크를 필요 이상으로 구매하여 보관하지 말아야 한다. 의료 종사자들은 마스크 공급 부족을 겪고 있다.
- 마스크는 입 주변을 가려야 한다. 끈을 당겨 착용해야 하며, 만진 다음에는 손을 씻어야 한다.

## 세균을 죽이는 데 손 소독제와 비누 가운데 무엇이 더 좋을까?

전문가들은 비누와 물로 손을 씻는 것이 가능하지 않을 때에만 손 소독제를 사용할 것을 권장한다. 미국 CDC에 따르면 알코올성 손 소독제는 손에 있는 미생물의 수를 줄이지만 세균을 모두 제거하지는 않는다. 손에 기름기가 있거나 청결하지 않을 때 손 소독제는 효과적이지 않으며, 먼지와 점액을 제거하지 못한다.

CDC는 알코올이 60% 이상 함유된 소독제 사용을 권장한다. 양손 표면을 덮을 정도로 충분한 양을 사용하고 손을 완전히 말려야 한다.

# 22일 차    What they say

확진자 27명(+0)
사망자 0명(+0)
완치자 4명(+1)

의원실에서 SNS를 담당하는 구윤아 비서가 영상을 보여줬다. 미국 ABC 방송사 기자가 인천국제공항의 방역 관리를 칭찬한 영상이다.[*] 55초 분량으로 편집된 영상에서 미국 기자는 "그들은 모든 것을 닦는다. 사람들의 손이 어디에 닿든 간에 확실하게 소독되길 원하는 것 같다"라며 놀라워했다.

사실 놀라운 것은 인천공항만이 아니다. 우리의 역학조사는 패러다임을 바꿨다는 극찬을 받았다. 역학 조사관들은 확진 판정 후 채 하루로 되지 않아 확진자의 세부 동선을 파악했다. CCTV와 신용카드, 휴대폰을 적극 활용했기 때문이다. 2015년 메르스

---

[*] 미국 ABC 방송사 소셜미디어 공식계정 내 밥 우드로프 앵커의 영상. https://youtu.be/5VXTQjr-eAg

사태 이후 정부가 관련 정보를 요구할 수 있도록 법이 개정된 덕이다. 여신금융협회, 이동통신 회사들의 협조도 컸다. 특히 카드 사용정보를 활용한 역학조사는 외국에서도 패러다임을 바꿨다는 평가가 나온다고 한다.

외신이 중요하다. 정확히 말하면 해외의 평가가 중요하다. 2015년 메르스 사태 때 우리가 우왕좌왕하는 모습을 보이자, 한국이 저 정도였냐며 오히려 외국이 당황했다. 이번에도 같은 모습을 보인다면 국격이 아예 바닥을 뚫을 판이다. 일부러 허위사실을 유포할 필요는 없지만, 우리가 바이러스에 대처하는 모습을 가감 없이 전달하고 긍정적 평가를 받는 것은 매우 중요하다. 보건의료를 넘어 경제와 외교, 나아가 신인도에도 영향을 미치기 때문이다.

다양한 채널을 통해 외신의 중요성을 정부 측에 전달했다. 정부도 중요성을 잘 알고 있었다. 초기에는 해외문화홍보원의 영문 보도자료를 외신에 공유했고, 2월 10일부터는 중대본이 영문 브리핑 자료를 제작·배포했다. 의원실 차원에서도 외신 담당자를 영입해서 매일 상황을 체크했다.

우리 방역에 긍정적인 평가만 있는 것은 아니었다. 인권침해 요소가 강하다는 해외 평가가 있었다. 보수야당과 언론에서는 정부가 중국 눈치를 본다는 비판을 많이 했다. 정부의 잘한 점은 당연시되고 못한 점은 크게 부각됐다. 21대 총선이 다가오면서 이런 경향은 심해졌다.

오늘 현대·기아차가 부품 공급 차질로 생산을 전면 중단하는 초유의 사태가 벌어졌다. 중국 현지 부품공장이 문을 닫으면서 완성차 조립이 불가능해졌기 때문이다. 글로벌 분업 구조하에서 중국의 위기는 대한민국의 위기이기도 하다.

한국은 감염자들의 경로를 추적하고 온라인에 공개한다(《월스트리트저널》, 2020.02.16.)

한국 보건당국은 폭넓은 법적 권한과 최신 기술을 활용해 코로나19 확진자의 행적을 상세히 추적하고 이를 공개하고 있다. 국민들은 공개 정보를 보며 확진자의 행적을 자신의 경로와 비교한다.

"12번 확진환자가 5시 30분에 상영되는 〈남산의 부장들〉을 보려고 E13, E14 좌석을 예약했고, 17번 환자가 12시 40분 기차를 타기 전에 순두부식당에서 식사를 했다." 보건복지부는 위와 같은 개인의 '디지털 다이어리(digital diary)'를 웹사이트에 게시하고 있다.

한국은 이러한 정보공개를 통해 아시아에서 가장 강력하게 감염병을 추적하고 있다. 보건당국은 확진자나 의심환자의 이동경로를 파악하기 위해 신용카드 사용기록, CCTV, 이동전화 위치추적, 교통카드와 출입국기록 등을 활용한다.

개인정보를 활용한 '이동경로 추적시스템'은 '입국금지', '의심환자 격리'와 함께 바이러스 확산을 막는 데 핵심적인 기능을 담당하고 있다.

다른 아시아 국가들도 확진자의 이동경로를 추적하여 공개하고 있다. 하지만 대부분 확진자의 인터뷰에 기초하고 있다. 이에 더해 중국은 철도 및 항공사의 자료를 활용하고, 홍콩은 전자팔찌를 활용해 자가격리자를 점검한다. 타이완은 이동전화 신호를 활용해 자가격리된 의심환자를 추적한다.

한국의 보건당국은 브리핑을 통해 굉장히 상세한 정보들을 발표하고 있는 반면, 다른 나라들은 인권과 공중보건 간의 균형에 신중하게 접근한다.

보건전문가들은 디지털기술을 활용한 확진자 관리가 가정방문이나 전화통화보다 효과적이고 정확하다고 말한다. 감염병 전문가인 밴더빌트대학교의 윌리엄 섀프너 교수는 감염사례를 추적하기 위해 21세기 선진기술들을 사용하는 것은 공중보건에 획기적 사건이라고 전했다.

(출처: South Korea Tracks Virus Patients' Travels and Publishes Them Online, https://www.wsj.com/articles/south-korea-tracks-virus-patients-travelsand-publishes-them-online-11581858000)

2020.02.12.

# 24일 차    새 이름, COVID-19

✚ 현재 상황                                      COVID-19 REPORT

확진자 28명(+1)
사망자 0명(+0)
완치자 7명(+3)

　정부가 신종 코로나바이러스 감염증을 코로나19로 부르기로
했다. WHO가 11일 'COVID-19'라고 명명함에 따라 한글 표현을
새롭게 정한 것이다.

　WHO는 세계적으로 유행하는 질병의 이름을 정할 때 지리적
위치나 사람 이름, 동물·식품 종류, 문화와 산업, 주민·국민이 포
함된 명칭을 피하라고 2015년 권고했다.

　하지만 일부 언론과 자유한국당은 '우한폐렴'이라는 단어를
고수했다. 실제로 어제 여야가 국회 특위 구성에 합의했지만, 야
당이 특위 명칭에 우한이 들어가야 한다고 고집해 결국 합의에
실패했다. 친중 프레임을 씌우려는 무리수였다.

　답답한 뉴스만 계속된 것은 아니다. 전주에서는 훈훈한 소식
이 들려왔다. 한옥마을 건물주들이 자영업자의 고통을 분담하기

위해 임대료를 10% 이상 내린다는 뉴스였다. 전주발 '신종 코로나바이러스 극복을 위한 상생선언문 선포식'은 전국으로 퍼졌고 이후 각지에서 자발적인 임대료 인하 움직임이 이어졌다. 사람들은 서로 돕고 있었다.

국회에서 열린 방역현장 전문가 간담회에서 참석자들은 감염병 전문병원 건립과 감염병을 전담하는 상시 간호인력 확보, 주기적인 의료인 교육 등을 강조했다. 의료진의 초과 노동시간과 보건소 인력증원 문제도 나왔다. 점검해야 할 과제로 꼼꼼히 기록했다.

### 지금까지 이런 국가보험은 없었다!

대한민국은 진단검사와 진료에 건강보험이 적용되어 효과적인 방역이 가능했다. 코로나19 유증상자에 대해 의사의 소견만으로 보험이 적용되어, 금전적 부담 없이 검사와 치료를 받을 수 있다는 평가를 받는다. 코로나19 검사비는 16만 원이고, 치료비는 중증 환자의 경우 1,000만 원 수준이다. 하지만 건강보험공단에서 80%, 국가에서 20%를 지원하기 때문에 본인부담금은 없다.[*]

실제 코로나19 확진을 받고 부산인제대백병원에서 19일 동안 입원 치료 후 퇴원한 환자의 진료비 총액은 약 970만 원이었고, 환자부담총액

---

[*] 《파이낸셜뉴스》, "소셜미디어에 퍼진 '코로나19 진료 명세서' 진짜일까?"(2020.03.21.)

은 140만 원이었다.[*] 하지만 이 금액도 정부가 부담했다. 그중 약 4만 원만 부담한 것이 화제가 됐다. 이 4만 원은 입원 기간 중에 본인이 필요한 소모품 구입비였다. 이러한 내용이 세간에 알려지자 일부에서는 가짜라는 말도 나왔지만, 인제대백병원 측은 "모두 사실이며 환자 부담은 4만 4,150원"이라고 밝혔다.

미국의 경우 코로나19 환자 개인이 가입한 민간의료보험에 따라 다르지만 코로나바이러스 진단검사비가 평균 170만 원, 같은 기간 치료비는 대략 4,300만 원인 것으로 알려졌다.[**] 고액의 의료비 때문에 저소득층들은 코로나19 의심증상이 있어도 검사를 꺼리게 되어, 코로나19 발생이 기하급수적으로 증가했다는 분석도 나온다.

미국 매사추세츠의 한 코로나19 환자는 검사비와 치료비 청구서를 지난 3월 말경 SNS에 공개했다. 진단검사비용은 907달러로 한화 약 110만 원이었으며, 치료비 청구 금액은 무려 3만 4,972달러, 한화 약 4,280만 원이었다.

대한민국의 건강보험제도가 코로나19로 인한 위기 상황에서 우리를 지켜주고 있다는 것을 확인할 수 있었고, 세계적으로 우수한 제도임이 확인됐다.

[*]  《오마이뉴스》, "미국 4천만 원-한국 4만 원, 극과극 코로나 치료비"(2020.04.06.)

[**]  HUMAN RIGHT WATCH, "Deadly Lack of Affordable COVID-19 Treatment in the US"(2020.03.30.)

# 27일 차　폭풍전야? 상황종료?

**✚ 현재 상황**

확진자 28명(+0)
사망자 0명(+0)
완치자 9명(+2)

　확진자가 4일째 나오지 않았다. 완치자는 9명으로 늘었고 확진자 대부분도 안정된 상태에서 호전되고 있다. WHO는 환자 치료와 대응체계 등에 대한 경험을 공유해달라고 요청했다. 지하철과 길거리에는 마스크를 쓰지 않는 사람이 점차 늘어났다. 지난주까지만 해도 지하철 좌석 7명 중 6명이 마스크를 썼는데 최근에는 4~5명 정도만 마스크를 쓰고 있다. 조금 불편하고 답답할 뿐이지 죽는 병은 아니지 않느냐는 30대 주부의 목소리를 전해 들었다. 공감이 갔다.

2020.02.16.

# 28일 차   의문의 확진자 발생

✦ **현재 상황**

COVID-19 REPORT

확진자 30명(+2)
사망자 0명(+0)
완치자 9명(+0)

'4일간 확진자 제로'에도 정부는 안심이 안 되었던 것 같다. 중앙사고수습본부는 외국에 다녀온 이력이 없더라도 의사 소견에 따라 진단검사를 실시하고, 특히 원인불명 폐렴 환자는 여행이력과 무관하게 검사를 받을 수 있도록 했다. 지역사회 감염 위험성을 염두에 두고 확진자를 먼저 찾아 나서는 노력이다. 그간 의료계는 폐렴 환자에 대한 폭넓은 원인 조사를 강조해왔다.

오늘 29번 확진자는 폐렴 병동이 아니라 응급실에서 우연히 발견됐다. 5일 만에 발생한 확진자는 종전 확진자와 달랐다. 해외여행을 다녀온 적도 없었고 기존 확진자와 접촉한 사실도 없었다. 정부가 관리하는 방역망 외부에서 나온 첫 확진자였던 것이다. 코로나19가 지역사회 어딘가에 숨어서 전파되고 있음이 확실해졌다. 전문가들은 올 것이 왔다면서 "입국자 체크, 확진자 추적

등 현행 원천봉쇄 방식에서 지역사회 확진자를 조기에 찾아내 2·3차 감염을 줄이는 방식으로 전환할 때가 됐다"라고 강조했다. 신종플루, 사스, 메르스 등 신종 감염병의 사례를 보면, 일정 단계를 지난 후에는 지역사회 감염이 시작된다. 지역사회 내 감염자가 늘면 방역의 전략도 바뀌어야 한다. 전환 시점을 놓고 정부의 고민이 시작됐다.

오늘 우한 교민들은 아산과 진천에서의 길었던 14일 격리 생활이 끝나고 집으로 돌아가게 됐다. 꼬마들은 자신들을 돌봐준 사람들에게 손편지를 썼고, 주민들과 교민들은 서로에게 수고하셨다, 고맙다며 인사를 나눴다. 뭉클한 순간이었다.

### 코로나19의 인물 1, 2, 3

코로나19 극복을 위해서는 정부, 민간, 의료계 등 전 사회 역량이 모두 결집되어야 한다. 책임을 다한 많은 분들 가운데, 특별히 기억나는 세 명의 모습이 인상 깊게 남아 있다.

▶ 1. 감염병은 철저히 막되, 차별 없이 특별입국 절차를 수행한 공무원

코로나19 사태 초기, 중국발 외국인에 대한 특별입국 절차가 진행됐다. 외국인들은 국내 체류 주소와 실제 통화 가능한 연락처를 확인받고, 자가진단 앱을 깔아야 입국이 허용됐다. 검역 절차 도중이라 휴대전화에 유심칩이 없던 한 외국인이 난처한 상황에 처했다. 이를 안타

깝게 본 공무원 한 명이 사비로 유심칩을 사서 끼워줬다.

감염병은 철저히 막지만 사람에 대한 방역관리에 책임감을 느낀 한 명의 공무원 덕분에, 그 외국인은 무사히 우리나라에 입국할 수 있었다.

### 2. 마스크 착용으로 밀접접촉자의 건강을 지킨 시민

17번 확진자는 싱가포르에서 국제행사에 참석하고 24일 귀국한 후 코로나19 의심증상을 느끼고 마스크를 계속 착용했다. 12일간 돌아다녔으나 항상 마스크를 착용했기에 접촉자 전원이 음성 판정을 받았다. 설 연휴에 KTX를 타고 고향 집을 방문할 때, 일반 병원을 방문할 때도 늘 마스크를 착용했고, 실내에서도 마스크를 쓰고 대화했다. 장거리 이동도 있었고 밀접접촉자가 있었음에도 그를 통한 2차 감염자는 없었다. 안경을 꼈기 때문에 마스크가 더 불편할 수 있었던 그는 소위 '전설'로 불렸다.

### 3. 빠른 판단으로 의료기관 감염과 지역사회 2차 감염을 막은 고려대 의대 응급실 교수

29번 확진자는 감염 사실을 모른 채, 일상생활을 하다가 수많은 2차 감염자를 낼 수도 있었다. 그가 가슴 통증을 느껴 고려대학교 응급실을 방문했을 때, 엑스레이를 촬영한 이 모 교수는 직감적으로 코로나19를 의심했다.

심근경색 의심환자에게서 폐렴을 발견하고 이를 재확인하는 것은 쉬

우한 교민 어린이의 감사편지
(출처: 행정안전부)

운 일이 아니다. 더구나 확진자는 해외여행도 다녀오지 않았고 발열이
나 기침 증세도 없었다. 이 교수는 메르스 때도 환자를 진료했다고 한
다. 그의 지혜로운 판단으로 고려대학교 응급실은 29번 확진자가 다녀
간 뒤 일시 폐쇄되었다. 자칫하면 의료기관 전체 감염 사태가 발생할
수 있었던 것을 막은 기민한 조치였다. 29번 확진자 접촉 이후, 자가격
리에 들어간 이 교수는 당연히 해야 할 의심을 하고 대처했을 뿐이라
고 겸양했다.

# 30일 차    31번 확진자

✚ **현재 상황**

COVID-19 REPORT

확진자 31명(+1)
사망자 0명(+0)
**완치자 12명(+3)**

    우리나라 코로나19 사태는 31번 확진자 이전과 이후로 나눌 수 있다. 대구에 사는 61세 여성은 2020년 2월 18일 31번째로 확진 판정을 받았다. 29번 확진자와 마찬가지로 해외여행이력이 없고 감염 경로도 불분명했다. 보건당국은 31번 확진자 주변을 조사하기 시작했다. 기록적인 날이 될 것이라고는 아무도 예상하지 못했다.

    오늘 국회 본회의에서 의원선서를 했다. 본회의에 앞서 열린 의원총회에서는 선배 의원들께 인사드렸고, 본회의 단상에서는 국민들께 인사를 올렸다.

    "나는 헌법을 준수하고 국민의 자유와 복리의 증진 및 조국의 평화적 통일을 위하여 노력하며, 국가이익을 우선으로 하여 국회의원의 직무를 양심에 따라 성실히 수행할 것을 국민 앞에 엄숙

더불어민주당 의원총회에 참석하고, 본회의장에서 선서를 하는 모습

히 선서합니다.”

　형식적인 것이라고 생각할 수 있겠지만, 선서문 단어 하나하나에서 대한민국 국회의원이라는 막중한 책임감이 다가왔다. 미리 준비한 등원 인사말을 하면서도 국민들이 듣는다는 생각에 무게감이 남달랐다.

　“제게 허락된 시간은 4개월입니다. 그 4개월을 4년처럼 일하겠습니다. 현장이 부르면 현장으로 달려가고 지금 필요한 정책을 발굴하면서 최선을 다하겠습니다. 국민의 건강과 안전이 어느 때보다 절실한 시점에 보건의료 영역을 감당하라는 소명이 내렸음을 마음으로 기억하면서 존경하는 문희상 의장님과 선배 의원님들께 많이 배우면서 주어진 역할을 다하겠습니다."

오후에 열린 보건복지위원회 전체회의에서는 2월 6일 대표발
의한 '감염병예방법 일부개정안'에 대해 제안설명을 했다. 초선
의원으로서 '공식적인' 첫날이었다.

2020.02.19.

## 21일 차 　신천지, 드러나다

✚ 현재 상황 　　　　　　　　　　　　COVID-19 REPORT

확진자 51명(+20)
사망자 0명(+0)
완치자 16명(+4)

대규모 확진자가 발생했다. 하루 만에 20명이다. 31번 확진자가 다니던 교회를 조사하던 과정에서 집단 감염 사실이 드러났다. 확진자 20명 중 14명이 신천지 대구교회 소속이다. 전 국민은 충격에 빠져 방역당국의 브리핑에 촉각을 곤두세웠다.

대구시는 31번 확진자와 동 시간대 예배에 참석한 1,000여 명에 대해 전수조사를 추진한다고 발표했다. 대규모 집단 감염으로 추정되었기에 누가 최초 '감염원'인지도 알 수 없었다. 정부는 대구에 즉각대응팀 18명, 중앙사고수습본부 6명 등을 급파하고 범정부특별대책지원단이 현지에서 활동하도록 조치했다.

31번 확진자의 동선도 공개됐다. 이 확진자는 2월 6일 교통사고를 당한 뒤 모 한방병원에 입원했다. 며칠 뒤 병원은 폐렴 증상을 확인하고 코로나19 검사를 권유했으나 환자가 거부했다. 이후 폐렴 증상이 악화되자 보건소를 찾았고 양성 판정을 받게 됐다. 진단 거부 사실이 알려지자 많은 국민이 분노했다.

의료진의 검사 권고를 거부해도 환자는 처벌받지 않는다. 감염병예방법 제42조 등에 따르면 지방자치단체장의 조사·진찰 권고를 거부할 경우는 300만 원 이하 벌금에 처해지지만, 의료진의 권고는 말 그대로 권고일 뿐이다. 성숙한 시민의식을 기대하는 수밖에 없다.

의료자원 부족 문제도 대두됐다. 음압병상, 의료진, 역학 조사관 등 모든 것이 부족했다. 대구·경북의 음압병상 수는 각각 65개, 34개에 불과했다. 더구나 음압병상을 먼저 사용 중인 다른 중환자도 있기에 확진자를 무작정 이송시킬 수도 없다. 대구의료원 감염내과 의사는 단 1명뿐이다. 엎친 데 덮친 격으로 환자와 접촉한 의료진은 14일 격리에 들어갔다. 다수의 대학병원이 포진해 비교적 의료자원이 넉넉한 곳으로 평가받는 대구지만 역학 조사관은 2명에 불과했다.

확진자가 다녀간 경북대병원, 계명대 동산의료원, 영남대병원 응급실은 모두 폐쇄됐다. 전문가들은 의심증상이 있다고 함부로 병원이나 응급실로 가지 말라고 거듭 강조했다. 의료기관이 폐쇄될 경우 심근경색이나 뇌졸중, 교통사고 등 응급환자의 생명이 위험해지기 때문이다.

이 와중에 신천지의 한 신도가 다른 신도들에게 '확진자와 같은 날 예배를 보지 않았다'라고 거짓 대응하도록 종용한 사실이 알려졌다. 신천지 총회본부는 공식 지침이 아니라 개인행동이라고 해명했다. 하지만 그 말을 신뢰하는 국민들은 많지 않았다.

### 감염병 상황에 의료기관(병원)감염은 왜 위험할까?

감염병 확산을 막기 위해 가장 중요한 것은 의료시설 관리 강화를 통해 '슈퍼전파자'가 병원 내에서 대량 감염을 일으키는 사태를 예방하는 것이다. 이는 기존 환자가 진료받을 권리를 보장받기 위해서도 중요하다.

메르스 사태 당시 국내 16개 병원에서 확진환자가 186명 발생했다. 그중 44%가 병원을 방문하거나 입원했다가 바이러스에 노출된 환자였다. 나머지는 환자를 간병한 사람(32.8%)이나 의료인(13.4%)이었다. 무엇보다 전체 환자의 83.2%가 5건의 슈퍼전파 사건에 의해 발병했는데 첫 번째 환자(28명)와 14번째 환자(85명)가 감염시킨 환자만 113명에 달했다.

문제는 이렇게 병원 폐쇄가 이어지고, 병원 의료진이 자가격리에 들어가면서 병원의 의료 기능이 마비될까 우려된다는 점이다. 환자를 치료해야 할 의사·간호사가 확진자나 의심 환자와 잠시 스쳐 지나갔다는 이유로 자가격리에 들어가면 정작 심근경색 같은 위급한 병 때문에 병원에 온 긴급한 환자를 돌볼 수 없다. 이번 코로나19 사태에서도 2월 19일 대구에서 경북대병원, 대구가톨릭대병원, 영남대병원, 계명대동산

병원 등 대학병원 응급실 4곳이 동시다발적으로 일시 폐쇄되면서 인구 240만 명인 대구의 의료 공백이 우려되는 상황이 벌어지기도 했다.

메르스 사태에서 나타났듯이 병원은 2차 감염에 취약한 곳이다. 2월 6일 대한감염학회가 기자간담회 통해 진료소 내 감염 위험성을 경고한 것은 국민 불안이 큰 시점에서 시의적절했다. 2015년 메르스 사태를 결정적으로 키웠던 병원 내 감염 사태를 막고, 확산이 커질 경우 보건소와 국공립·공공병원, 민간병원의 역할을 단계적으로 구분해야 한다는 전문가들 지적에 정부가 귀 기울여야 한다.

# 32일 차  사망자 발생

**✚ 현재 상황**

COVID-19 REPORT

확진자 104명(+53)
사망자 1명(+1)
완치자 16명(+0)

첫 사망자가 발생했다. 대구 인근인 경북 청도군 대남병원이었다. 확진자는 아니었으며 폐렴으로 사망 후 검사를 한 결과 코로나19 감염 사실이 드러났다. 첫 사망자 발생 뉴스로 위기감과 공포가 급속히 퍼졌다. '죽는 병'이라는 인식이 현실로 다가온 것이다. 확진자는 하루 만에 53명이나 늘었다. 대구는 패닉에 빠졌다. 선별진료소마다 장사진을 이뤘고 동성로 등 주요 거리는 인적이 끊겼다.

방역당국은 전략을 수정해야만 했다. 정은경 본부장은 "피해를 최소화할 수 있는 전략들이 좀 더 강화돼야 하는 상황"이라며 "기저질환자나 취약계층의 중증도를 낮추기 위한 전략을 같이 구현해야 되는 단계"라고 말했다. 확진자가 폭증하자 기존과 같이 CCTV로 일일이 동선을 확인하는 역학조사는 불가능했다. 접촉자 추적보다 의심환자를 빨리 찾아내는 선별검사를 늘리는 것이 더 중요해졌다. 대구 시내에 비어 있는 음압병상 수는 25개로 줄었다. 방역당국은 31번 확진자와 함께 예배를 본 1,001명을 전수조사한 뒤 대구 신천지 교인 전체인 8,000여 명을 조사하겠다는 방침을 밝혔다.

대구와 청도를 잇는 연결고리를 찾는 것도 중요했다. 대남병원에서는 신천지예수교 이만희 총회장의 친형 장례식이 20여 일 전에 치러졌다고 한다. 그는 청도가 고향이었다. 중국 우한에 있는 신천지 교회 교인들이 장례식장에 참석한 것으로 추정됐다.

신천지 측에서는 국민의 지탄을 받는 행동이 이어졌다. 대구가톨릭대학병원 간호사는 신천지 신도임을 숨긴 채 병원에서 근무했다. 이 간호사는 코로나19 양성 판정을 받은 뒤에야 교인임을 밝혔다. 대구 서구보건소 공무원도 확진 판정을 받은 후에야 교인임을 밝혔다. 그는 코로나19 대응을 총괄하는 감염예방의약 팀장이었고, 그로 인해서 보건소 직원 50여 명이 자가격리 조치를 당했다. 국민들은 분노했다.

## 대구·경북에서 코로나19 환자 치료에 필요한 '음압병실'이 부족하다?

음압병실은 기압 차이를 이용해 병실 내부의 공기가 외부로 빠져나가지 못하도록 막아, 병원균과 바이러스를 차단하는 병실이다. 병실 밖의 공기는 들어오지만 병실 내부의 공기는 밖으로 나가지 못해 코로나 19와 같은 에어로졸 전파를 막는 데 효과적이다.

현재 국가지정 입원치료병상 운영 의료기관은 국립중앙의료원과 서울대병원 등 29곳이며, 음압격리병상 198개(병실 161개)를 운영 중이다 (2020년 2월 기준). 민간 상급종합병원과 거점병원의 음압병상을 합하면 1,077개 병상(793개 병실)에 이른다.

음압병실 1개를 설치하는 데 필요한 비용은 국가지정병실 기준 약 2~3억 원 수준이다.[*] 초기 설치비용이 많이 들고 의료시설 유지를 위한 운영비용이 지속적으로 발생해 의료기관 입장에서는 부담으로 작용한다. 2015년 메르스 사태 이후 '의료법' 개정을 통해, 고가의 설치비용이 들었지만 전국에 1,000여 개의 음압병상을 확보할 수 있었다.

그러나 대구·경북에서 코로나19가 대규모로 확산되자 음압병상 부족 문제가 다시 대두됐다. 대구·경북 지역이 보유한 음압병상은 국가지정과 민간 의료기관을 합쳐 총 88개뿐이다.[**] 단기간에 음압병상을 늘리기는 쉽지 않다. 대구 지역 의료기관은 코호트 병상이나 임시 음압병상을 설치하는 등 대응에 나섰다.

---

[*] 《데일리메디》, "메르스 후 음압병상 확충… 국민 10만 명당 '1.2병상'"(2020.05.06.)

[**] 보건복지부, 「전국 음압병상보유현황」, 「국가지정 입원치료병상 음압병실 현황」 자료(2020.02.)

신종 감염병의 미래 위험을 고려해서, 인구 대비 적정 수준의 음압병상을 설치할 수 있도록 장기적인 투자가 필요하다. 한편으로는 단순히 음압병실의 수를 늘린다고 능사가 아니다. 음압병실을 관리하려면 의료인력이 충분히 투입되어야 한다.

# 33일 차    일일 확진자 100명, 추가 사망 발생

**✦ 현재 상황**　　　　　　　　　　　COVID-19 REPORT

확진자 204명(+100)
사망자 2명(+1)
완치자 17명(+1)

　일일 확진자가 100명에 달했다. 대남병원에서는 두 번째 사망자가 나왔다. 확진 판정을 받고 부산의료원으로 이송된 55세 여성이었다. 광주, 경남, 충북, 제주 등에서도 환자가 발생했다.

　정세균 국무총리는 신속하게 움직였다. 대구·청도 지역을 감염병 특별관리지역으로 지정했다. 법령에는 근거가 없지만 상황이 상황인지라 비상대책을 발령한 것이다. 대구 지역 폐렴 입원 환자에 대한 전수 검사가 진행되고 의료인력과 병상과 장비도 대폭 지원하기로 했다. 신천지 교인 전원의 명단을 확보해 자가격리와 시설격리를 진행한다고 밝혔다. 공중보건의 24명도 추가로 배치됐다. 의료기관 감염을 막기 위해 가벼운 감기 증상은 전화로 의사의 상담이나 처방을 받도록 허용했다.

　대구시는 31번 확진자와 함께 예배를 본 1,001명에 대한 조사 결과를 공개했다. 135명이 증상이 있다고 답했다. 대구 신천지 교인으로 범위를 넓히면 409명이 의심증상을 보였다. 대구 신천지 교인 전체 8,000명 중 3,500명의 명단을 확보한 상황이었다.

신천지 교인은 다른 지역에서 열리는 예배에도 적극적으로 참석하는 것으로 알려졌다. 서울시장은 신천지 교회 폐쇄 방침을 밝혔다. 경기도는 수원 등 17개 신천지 교회에 긴급 방역을 실시했다.

오늘 조중현 대한공중보건의사협의회장을 만났다. 대구·경북에 의료진이 턱없이 부족해져 공중보건의 추가 투입이 절실한 상황이다. 공중보건의 배치과정과 업무체계 개편에 대한 의견을 나눴다. 집행을 담당하는 행정부가 아니기에 입법·제도 위주로 논해야 하는 한계가 있었다. 하지만 시스템을 갖추어놓으면 또 다른 비상사태가 생길 때 우리의 대응이 달라질 수 있을 것이다.

**코로나19 상황에서 공중보건의는 어떤 과정을 통해 투입되었나?**
코로나19 방역 대응에 많은 공중보건의사(공보의)가 본래 복무지에서 차출되어 검역관, 역학조사관, 선별진료소 운영 등 다양한 활동에 투입됐다. 특히 대구·경북 지역에 감염병이 확산되면서 정부는 2020년 신규 입영 예정인 742명의 공보의를 코로나19 대응 현장에 투입하기로 했다. 신규 공보의 742명 가운데, 대구에 319명, 경북에 150명이 집중 투입되고, 나머지 인력은 15개 도시에 분산배치됐다. 대구·경북 지역에 차출된 공보의는 2020년 3월 24일 기준으로 총 861명이 됐다.*

Q. 코로나19를 위해 갑자기 차출된 공보의는 코로나19 대응을 위한 교육을 받았나?

A. 3월에 신규 임용된 공보의들은 현장에서 환자 치료와 방역 업무를 수행하기 위한 3일간의 교육을 받았다.

보건소 등 지역사회에서의 감염병 관리와 대응 이론, D레벨 보호복 착탈의 실습, 검체 채취 등 코로나19 검사 방법, 선별진료소 업무 등이었다. 3일 동안 공공의료와 코로나19 대응을 위한 전문적 교육이 아닌, 현장에 즉각적으로 투입했을 때 필요한 최소한의 교육이 이루어졌다.

Q. 공보의들이 코로나19 현장에 투입된 상황에서, 공보의 제도를 위해 필요한 정책은?

A. 공보의 복무를 통해 공공의료를 처음 경험하는 전문 의료인에 대한 체계적인 공공의료 교육과 재교육 시스템이 필요하다. 지자체가 요구하는 공보의 수요 배분보다는 지역 공공의료 상황에 맞는 배치가 필요하다.

---

* 보건복지부, '대구·경북 공보의 투입 관련' 허윤정 의원실 자료 요구 답변 내용 (2020.03.26.)

연도별로 의과 공보의 수가 줄고 있다. 의무적으로 공공의료를 경험하는 전문 의료인력이 줄어든다는 의미다.

▶ 연도별 의과 공중보건의사 현황

| 연도 | 의과 공중보건의사(명) |
|---|---|
| 2012 | 2,528 |
| 2013 | 2,411 |
| 2014 | 2,379 |
| 2015 | 2,239 |
| 2016 | 2,090 |
| 2017 | 2,116 |
| 2018 | 2,008 |
| 2019 | 1,971(**2012년 대비 557명 감소**) |

(출처: 대한공중보건의사협의회, 「의과 공중보건의사 배치적정성평가위원회구성에 관한 의견서」(2020.02.))

## 공중보건의 제도, 이렇게 바꾸자

의대 강단에 있을 때 늘 강조했던 것이 있다. 열정 있는 젊은 의료인이 공공의료를 처음 경험하는 공보의 과정의 중요성이다. 우리 공보의 제도는 운영의 효율성과 합리성을 절실하게 갖추어야 한다. 젊은 의료진은 공보의 활동을 하며 의료인으로서 첫발을 내딛는다. 하지만 공보의를 군이나 지자체에 배치된 의료인력으로만 여기다 보니, 공공의료의 의미와 전문성을 배우기 어려운 현실이 늘 안타까웠다.

우리나라 공보의 제도에 합리적 배치와 체계적이고 지속적인 교육이 없다. 공보의는 어떤 선배 의사를 만나는지, 어느 지역에서 복무하는 지에 따라 서로 다른 공중보건 의료체계를 경험하는, 그야말로 '케바 케(case by case)'의 상황에 놓인다. 전문성을 제대로 발휘할 기회가 제 한되고, 군복무를 대신하여 투입된 공공의료 현장에서 공보의 개인도 책임감이나 보람 없이 시간을 보내는 경우가 발생한다.

공보의 제도를 개선해 지역사회의 공중보건과 공공의료 강화를 모색 할 필요가 있다. 공보의로 복무하는 의료진이 공공의료의 가치를 체득 하고, 공중보건 분야에 헌신할 수 있는 기회와 사명감을 체감하는 기 회가 되어야 할 것이다.

시스템 전체를 당장 바꿀 수 없다면, 일부 지자체의 시범사업 도입도 검토해볼 수 있을 것이다. 보건복지부의 건강정책과와 관련 과들이 협 력해서 공보의와 지속적인 소통 창구를 마련하고 교육 과정 및 인력 배치에서 선순환 구조가 이뤄지기를 기대한다.

우리나라 공공의료 개선의 첫발은 공보의의 효율적 교육과 배치에 있 다. 우리 의료체계는 의료인력보다 병원 중심 인프라에 집중되어 있 다. 의료의 실체는 병원이 아니라 인력이다. 공공의료 영역에서도 공 보의를 비롯한 전문 인력 양성이 더욱 중요한 이유다.[*]

---

## 34일 차    공포를 버텨야 하는 시간

**✦ 현재 상황**                                              COVID-19 REPORT

확진자 433명(+229)
사망자 2명(+0)
완치자 18명(+1)

어제는 약과였다. 확진자가 하루 만에 229명이 늘었다. 대한 감염학회 등이 모인 범학계 대책위원회는 위기경보를 심각으로 격상하라고 권고했다. 코로나19로 인한 공포심이 끝 모른 채 치닫고 있었다.

그러지 못했지만, 공포를 버텨야 하는 시간이었다. 신천지 교인을 중심으로 지역사회 감염이 명확해진 상황이다. 지금 해야 할 일은 감염원으로 의심되는 신천지 등에 대한 신속한 조사와 격리다. 맥주잔에서 거품을 걷어내듯이 일반 시민에서 확진자 집단을 조속히 분리해야 한다. 그러지 못하면 거품이 맥주로 녹아들듯 바이러스도 지역사회에 녹아들 것이다.

거품을 걷어내는 과정에서 확진자가 대폭 늘어나는 것은 필연적이다. 하지만 숫자가 주는 공포가 우리 사회를 지배했다. 확진자를 신속하게 많이 찾아내는 것은 분명 방역의 성과였지만 국민들 눈에는 정부의 무능과 실패로 보였다. 방역당국의 신뢰를 무너뜨리려는 가짜뉴스와 왜곡선전도 여전했다.

오늘 국무총리는 토요일임에도 밤 9시에 대국민담화를 발표했다. 방역 활동을 방해하는 행위, 마스크 등을 매점매석하는 행위, 무리한 대중집회에 대해 엄정 대응하겠다는 내용이었다.

하지만 '문재인 하야 범국민 투쟁본부'는 대규모 집회를 강행했다. 서울시의 집회 금지 조치에도 불구하고 범투본 전광훈 목사는 유튜브 영상에 등장해 집회 참가를 격려했다. TV를 끄고 싶었다.

# 35일 차   위기단계 '심각'

**✚ 현재 상황**

확진자 602명(+169)
사망자 6명(+4)
완치자 18명(+0)

정부가 위기경보를 최고 수위인 '심각' 단계로 격상했다. 2009년 신종플루 이후 11년 만이다. 문재인 대통령은 규정에 얽매이지 말고 전례 없는 강력한 대응을 하라고 지시했다. 국무총리를 본부장으로 하는 중앙재난안전대책본부가 설치됐고 학교 개학은 일주일 연기됐다. 메르스나 신종플루 때도 없었던 최초의 전국 단위 휴업명령권 발동이다.

'심각'은 신종 감염병의 지역사회 전파 또는 전국적 확산을 의미한다. 2009년 당시 환자가 하루 수천 명 수준으로 늘어나서 개별 역학조사가 무의미해졌다. 검역은 일상 수준으로 축소되고 인력과 자원을 조기진단과 치료에 집중했다. 바이러스 유입을 차단하는 봉쇄전략Containmen에서 사망 등 피해를 최소화시키는 완화전략Mitigation으로 전환된 것이다.

심각 단계로 변경했지만 정부는 두 전략을 동시에 끌고 가기로 했다. 중국 등 해외로부터의 유입 가능성이 여전했고, 대구를 제외하면 지역사회 감염이 산발적으로 발생했기 때문이다.

애초 정부는 방역과 경제 살리기를 병행한다는 방침이었다. 위기경보 '심각'은 우리 스스로 코로나19 오염을 자인하는 것이기에 국제사회에서 입국 거절 등 경제 타격이 우려되는 조치였다. 현재까지 전 세계에서 가장 많은 사망자를 낸 중국도 최고 수준 경보를 발령하지 않은 이유다. 당장 오늘 이스라엘은 한국발 입국을 금지했다. 미 국무부와 질병통제예방센터CDC는 여행경보 2단계를 발령했다.

대구 신천지 전체 교인 9,336명에 대한 전화 조사는 끝났다. 증상이 있다고 답한 1,276명에게는 진단검사가 진행됐고, 무증상자 7,390명도 증상 발현 여부 및 자가격리 모니터링을 했다. 전체 확진자 602명 중 절반이 넘는 329명이 대구 신천지와 연관되어 있었다. 정부는 대구 신천지 교인 등에 대해 전원 진단검사 방침을 밝혔다.

또한 지방의료원 등을 시·도별 경증환자 전담병원으로 지정해 병상 1만 개를 확보하기로 했다. 오늘까지는 코로나19 확진자에게 1인실 음압병상을 배정했으나 물리적으로 더 이상 가능하지 않았다. 경증환자를 관리할 별도의 병상을 마련하고 음압병상은 중증환자에게 돌려야 했다. 하지만 대부분의 음압병상이 서울에 몰려 있는 한계는 여전했다.

경찰은 대규모 집회를 강행한 범투본 전광훈 목사를 사법처리할 방침이라고 밝혔다. 광화문 예배에 온 사람이 진짜 교인이라고 설파하던 전 목사는 다른 혐의가 인정되어 24일 구속됐다. 신천지는 본인들이 피해자라는 입장을 밝혔다.

# 36일 차    국회, 폐쇄되다

**✚ 현재 상황**

확진자 833명(+231)
사망자 8명(+2)
완치자 22명(+4)

국회 문이 닫혔다. 며칠 전 의원회관 토론회에 참석한 인사가 확진 판정을 받았기 때문이다. 당시 옆자리에 앉았던 미래통합당 의원들은 코로나19 검사를 받으러 갔고 오늘 예정된 대정부질문은 급히 연기됐다. 긴급 방역을 위해 24일 17시 반부터 26일 09시까지 모든 건물이 폐쇄됐다. 나 역시 사무실에서 쫓기듯 나와야 했다. 오전에 미래통합당 모 의원을 스쳐 지난 것이 괜스레 신경 쓰인다. 비말 접촉은 없었지만 왠지 걱정이다.

미래통합당과 일부 언론은 연일 정부를 비판했다. 늦장 대응으로 사태가 확산됐다면서 중국인 입국금지를 계속 주장했다. 오늘까지 확진자의 75%가 신천지 및 대남병원과 관계가 있었다. 중국 국적 감염자는 833명 중 6명이다. 선거를 앞두고 민심을 자극하려는 의도가 분명하지만 국민의 불안함을 자극하는 데는 일정 부분 성공했다. 두 달 뒤 열린 21대 총선에서 민주당 후보는 대구·경북에서 전멸한다.

방역당국은 대구에서 사투를 벌였다. 저인망식으로 진단검사를 확대해 확진자를 빨리 격리하는 것이 지역사회 확산을 막는 유일한 방법이었다. 의료인력이 지치고 녹아나는 가운데서도 대구 신천지 교인 9,000명뿐 아니라 감기 증상이 있는 대구시민 2만 8,000명도 전수조사할 계획을 밝혔다. 하루 최대 검사물량은 7,500건으로 늘었고 2월 말까지 하루 1만 건으로 늘린다고 예정했다. 오늘 추가된 확진자 231명은 국민들에게는 공포였지만 방역당국에게는 성과였다. 하지만 자랑스레 말할 수는 없었다.

병상은 여전히 비상이었다. 전체 확진자 중 181명은 병실에 들어가지 못하고 자가격리에 묶였다. 정부는 일반 환자와 호흡기 질환자를 분리하는 국민안심병원을 운영하기로 했다. 총리는 25일 대구로 내려가겠다고 밝혔다. 기획재정부는 추경 편성에 착수했다.

## 국민안심병원, 아프면 정말 '안심'하고 병원 가도 될까?

국민안심병원은 호흡기 환자와 비호흡기 환자의 동선을 분리해 내원 환자가 코로나19로부터 안전하게 진료받을 수 있도록 정부가 지정한 병원이다.

감염병 상황에서도 국민들이 안전하게 치료받을 수 있는 체계가 필요했다. 실제 감염병 확산으로 진료를 미루고 병원 방문을 꺼리는 환자들이 늘어났다. 코로나19가 급증한 3월 기준, 지난해와 비교해 외래환자 수가 상급종합병원은 26.09% 감소했고, 종합병원은 23.31%, 병원급은 46.68% 줄어들었다(출처: 대한병원협회). 고혈압과 당뇨병 등의 만성질환 환자는 지속적인 진료와 처방이 필요하다.

4월 28일 기준으로 전국에 국민안심병원 347곳이 지정됐다. 호흡기 환자 외래구역의 동선을 분리해서 운영하는 A형과, 호흡기 병동을 분리한 입원실과 코로나19 진단검사를 하는 선별진료소까지 운영하는 B형으로 나뉜다.

B형 국민안심병원은 일반적으로 일반 호흡기 환자를 위한 안심외래진료소와 코로나19 의심환자 등이 입원하는 안심병동, 진단검사용 선별진료소 등으로 나누어 운영한다.

---

# 봉쇄와 완화

✚ 현재 상황

COVID-19 REPORT

확진자 977명(+144)
사망자 11명(+3)
완치자 22명(+0)

'Containment'와 'Mitigation'. 봉쇄와 완화로 번역되는 방역 용어다. 감염병 초기에는 봉쇄전략을 쓴다. 바이러스가 사회에 들어오지 못하도록 감염원을 격리하는 것이다. 이 전략의 목적은 감염 제로가 아니라 바이러스 확산 연기다. 최대한 시간을 벌면서 의료체계를 점검하고 의료자원을 확보한다. 하지만 감염병은 어떻게든 확산된다. 이때 완화전략이 등장한다. 목표는 사망률 최소화다. 감염병을 조기에 발견하고 조기에 치료해 피해를 줄인다. 만약 완화전략으로 청정국가가 된다면 다시 봉쇄전략으로 돌아갈 수도 있다.

봉쇄라는 두 글자가 온종일 뜨거웠다. 민주당 대변인이 대구·경북에 최대한의 봉쇄 정책을 시행하겠다고 표현해서다. 대변인은 방역적 의미에서 봉쇄라는 단어를 사용했을 터이지만, 보수야당과 언론은 우한을 가져왔다. 대구를 중국 우한처럼 물리적으로 봉쇄하겠다는 뜻이라며 정부가 대구를 버렸다는 프레임이었다. 대구 민심이 크게 요동쳤고 결국 대변인은 사퇴했다.

오늘 오후 문재인 대통령이 대구를 방문했다. 시민들을 위로하고 의료진을 격려하기 위한 목적이었으나 봉쇄에 대한 설명이 빠질 수 없었다. 대통령은 지역적 봉쇄가 아니라 바이러스 확산을 최대한 차단한다는 의미임을 거듭 확인했다. 하지만 야당은 공세를 멈추지 않았다.

전국의 신천지 교인은 약 21만 2,000명으로 알려졌다. 중앙재난안전대책본부와 신천지는 전체 명단을 받기로 협의했다. 하지만 경기도지사는 시간적 여유가 없다며 과천 총회본부에 대한 강제 역학조사를 실시했다. 정은경 본부장은 신천지 교인 전원을 한꺼번에 검사할 수는 없다며 유증상자, 대구 연관 교인, 대구 교인과 접촉한 교인 등 검사할 순서를 밝혔다.

미국 CDC는 한국에 대한 여행경보를 3단계로 격상했다. 한국에 3단계를 적용한 것은 처음이다. 대구시 의사회장은 '동료 여러분의 궐기를 촉구합니다'라는 제목의 호소문을 보냈다. 전국의 의료인력이 대구로 몰려들었다. 의사 안철수도 5일 뒤 합류했다.

이런 소식을 의원회관이 아닌 강남역 스터디카페에서 접해야 했다. 국회는 어제부터 폐쇄됐고, 모레로 예정된 대정부질문을 준비해야 했다. 보좌진 6명과 좁은 공간에 모여 있노라니 서로의

비말 감염이 걱정됐다. 김혜리 비서는 자주 기침을 했다.

## 대한민국은 코로나19에 대응하는 데 충분한 의료인력이 있나?

대한민국의 인구 대비 활동 의사 수는 인구 1,000명당 2.3명으로, OECD(29개국) 평균 활동 의사 수인 3.4명의 67.6% 수준이다.[*] 1,000명당, 2.3명이라는 숫자에는 한의사도 포함되어 있지만, 이번 코로나19와 같은 감염병 대응 상황에 한의사들은 실질적으로 현장 투입에서 배제됐다. 감염병과 같은 공공의료 대응 상황에서 대한민국의 활동 의사 수는 1,000명당 2.3명보다 더 줄어든다는 뜻이다.

▶ 주요 국가의 활동 의사 수

(단위: 인구 1,000명당 의사 수)

| 대한민국 | 일본 | 미국 | 프랑스 | 이탈리아 | 노르웨이 | 오스트리아 |
|---|---|---|---|---|---|---|
| 2.3 | 2.4 | 2.6 | 3.2 | 4.0 | 4.7 | 5.2 |

(출처: OECD. https://stats.oecd.org/)

OECD 주요 국가들은 2000년 이후 의대 입학 정원을 지속적으로 확대하는 추세다. 하지만 우리나라의 경우 2006년 이후 의대 정원을 동결하면서 의료현장은 상시적 인력난을 겪고 있다. 또한 고령화에 따라

---

[*] 한국보건의료인국가시험원(2014), 책임연구자 오영호, 「보건의료인력 중·장기 수급 추계연구: 2015~2030」

의료 서비스 이용량이 폭증하고 있기 때문에 의료인력에 대한 수요는 시간이 지날수록 더욱 증가할 것으로 예상된다. 보건사회연구원 연구 결과에 따르면, 보건의료인력의 수급 상황과 활동 공급을 비교했을 때 2030년 우리나라의 의사 인력은 약 7,600여 명이 부족할 전망이다.[*] 의료인력 배출에 소요되는 기간이 상당히 길기 때문에 의과대학 정원을 확대해야 한다는 지적이 꾸준히 나오고 있다. 그럼에도 의료인력 확대 논의는 15년 가까이 큰 진전 없이 평행선을 달리고 있다. 기존 의과대학의 정원 확대와 특수 목적의 공공의과대학 설립, 양방(의학)과 한방의학 일원화까지 다양한 정책 방향이 제시되어 있다. 이제는 행동에 옮길 때가 됐다.

---

[*] 국회입법조사처 조사 의뢰(허윤정 의원실), "공공의료인력 부족 사태 관련" (2020.04.29.)

# 38일 차 　마스크 대란

✚ **현재 상황**

확진자 **1,261명(+284)**
사망자 **12명(+1)**
완치자 **24명(+2)**

　일주일 전에는 확진자가 51명이었다. 불과 7일 만에 확진자는 1,210명으로 늘었다. 날로 커지는 공포는 사람들을 마스크 구매 행렬로 이끌었다. 방역당국이 마스크 착용을 권고하기도 했거니와 코로나19로부터 나와 내 가족을 지키는 방법은 마스크뿐이었다.

　백약이 무효였다. 정부는 4월 30일까지를 시한으로 '보건용 마스크 및 손 소독제 긴급소급조정조치 고시'를 2월 12일 발표했다. 1월 31일부터는 합동단속반을 운영했고, 2월 6일에는 마스크 수출량이 1,000개를 넘으면 정식 수출 절차를 밟도록 했다. 이러한 조치를 통해 마스크 생산·유통업체가 생산량, 국내 판매량, 해외 수출량 등을 매일 식약처에 신고하도록 했다. 매점매석이 적발되면 2년 이하의 징역 또는 5,000만 원 이하 벌금형이다. 이전에 시행된 적이 없는 초강력 조치들이었다.

하지만 시장은 정부의 바람과 다르게 움직였다. 마스크 105만 장을 매점매석한 업체가 국세청에 적발됐다. 국내 전체 일일 마스크 생산량인 900만 장의 10%가 넘는 규모였다. 마스크 값도 천정부지로 뛰었다. 그나마 구할 수 있으면 다행이었다. 온라인, 오프라인 주요 거점에는 사람들이 줄을 섰고 클릭 버튼을 눌렀다. 마스크를 미끼상품으로 활용하는 기업이 나타났다.

정부는 세부적인 마스크 대책을 시행했다. 마스크 수출은 당일 생산량의 10% 이내로 제한됐고 당일 생산량 절반 이상을 약국, 우체국, 농협 등 공적 판매처로 출고하도록 했다. 하루 생산량이 1,266만 장으로 2주 전보다 두 배 늘었기에 500만 장을 공적 물량으로 확보해 대구·경북 등 우선순위에 따라 배분하기로 했다. 그렇지만 국민들은 500만 장이라는 공적 마스크를 구경조차 할 수 없었다. 유통망 구축이 덜 된 상태였기 때문이다. 국민들의 분노가 폭발하자 정부는 다음 날 오후부터는 1인당 5매씩 구입할 수 있다고 설명했다.

나중에 든 생각이지만 마스크 문제는 차라리 솔직한 편이 나았으리라고 본다. 5,000만 국민이 마스크를 필요로 하는데 하루 생산량은 1,200만 장에 불과하다. 게다가 마스크를 미리 구해놔야겠다는 가수요까지 더해졌다. 수요가 넘치는데 공급이 부족하면 가격이 올라가는 것이 경제학의 기본 원리다. 공급 확대가 당장 어렵다면 수요라도 줄여야 한다. 마스크 부족을 솔직히 인정하고 안전한 수준에서 마스크 재사용을 권고하거나 과도한 구입 자제를 요청하는 등 소통이 필요했다. 선의로 시작한 정책 시도가 결국에는 정부에 독이 됐다.

국회는 본회의를 열었다. 감염병예방법, 검역법, 의료법 등 감염병 대응 역량을 강화하는 내용의 '코로나 3법'을 의결했고 국회 코로나19 대책 특별위원회도 구성했다. 당 특위에 이어 국회특위 위원으로 선정돼 활동하게 됐다.

대구에서는 확진자 309명이 병원에 가지 못해 집에서 대기하고 있었다. 환자 중증도를 분류해서 이송하는 데 물리적 시간이 걸리다 보니 폭증하는 환자들을 감당할 수 없었다. 경증환자에 대한 자가격리 치료가 검토되기 시작했다. 중앙임상위원회는 확진자 상태가 나빠졌을 때 의료기관에 신고해줄 수 있는 동거인이 가장 중요하다고 설명했다.

### 모든 코로나19 환자는 입원 치료를 받아야 하나?

코로나19 확진자가 폭증하는 상황에 병원의 입원 병상은 부족할 수밖에 없다. 정부는 환자 상태를 고려해 병원 입원, 시설 입소, 자가격리의 세 가지 치료 방식을 도입했다. 이때 가장 중요한 것은 '트리아지triage (치료 우선순위를 정하기 위한 환자의 분류)'를 철저하게 하는 것이다. 중앙방역대책본부(방대본)가 개정 발표한 「코로나19 대응 지침(7판,

20.03.01)」에는 환자의 기저질환 여부와 건강 상태 등을 고려해 중증도를 4단계(경증<중등도<중증<최중증)로 분류해 경증(무증상 포함) 환자는 시설격리 또는 자가격리가 진행된다. 이러한 국내의 자가격리 치료 조건은 국제사회의 지침과 맞닿아 있다.

▶ 정부의 '자가격리 치료 조건'

- 건강상태가 충분히 안정적이고
- 적절한 돌봄자가 있거나 식료품 등 생필품 공급에 문제가 없고
- 주거 공간을 공유하지 않을 수 있는 독립된 침실이 있고
- 코로나19 감염 시 합병증 발생 위험이 높은 가족(65세 이상 노인, 영유아, 임신부, 면역이 억제된 환자, 만성 심장·폐·신장질환 보유자)이 없을 때 등의 조건을 충족하고
- 환자도 자가격리 치료를 원할 경우 자가격리 치료 가능

▶ WHO의 '자가치료를 고려할 수 있는 상황'

- 환자가 가벼운 증상을 보이며 증세 악화의 우려가 없고
- 증상이 있지만 입원이 필요하지 않거나 입원을 거부하고
- 의료자원 부족 등으로 입원이 불가능하거나 안전하지 않고
- 신중한 임상적 판단과 환자가 머물 주거 환경의 안정성에 대한 평가를 받아 자가(격리)치료 가능

▶ 미국 질병통제예방센터(CDC)의 '자가치료 기준'

- 환자의 증상이 안정적이고
- 환자는 물론 동거인 중에 고령이나, 심장질환·폐질환·신부전 등의 기저질환을 앓는 자가 없고
- 적절한 간병인이 있고
- 환자와 다른 동거인과 분리된 독립적 공간이 있고
- 음식이나 생필품 등을 충분히 확보할 수 있고
- 환자와 동거인이 마스크나 장갑 등 적절한 보호장비를 개인별로 공급받을 수 있는지 등을 따져야 함

자가격리 치료 기준은 코로나19 감염증의 특성에 맞춰 만들어진 것이다. 우리 방역당국은 2월 28일 중대본 브리핑을 통해, WHO나 중국에서 나온 4만 건의 논문을 종합적으로 판단할 때 코로나19가 중증으로 악화될 가능성은 19%, 그중에서 아주 최고로 심각한 중증으로 발전할 가능성은 5%가 채 되지 않는다고 밝혔다. 그럼에도 자가격리 치료를 진행하기 위해 가장 중요한 것은 선제적으로 확진자의 중증도 구분 트리아지가 잘 이뤄져야 한다는 것이다.*

* 《한겨레》, "재택치료 가능하려면… 증상 경미하고 가족도 기저질환 없어야" (2020.02.28.)

# 39일 차  치료조차 못 받고 사망

COVID-19 REPORT

**✦ 현재 상황**

확진자 1,766명(+505)
사망자 13명(+1)
완치자 26명(+2)

우려하던 상황이 발생했다. 고령에 기저질환까지 있어 고위험군에 속한 70대 남성이 병상 부족으로 병원 문턱조차 밟지 못하고 사망했다. 보건당국이 매일 전화로 상태를 확인했지만 제대로 된 의료서비스 제공까지 이어지지는 못했다. 연령, 기저질환 등을 기반으로 환자의 증증도를 분류하는 지침은 미완성인 상태였고, 중증도를 분류해줄 현장 의료인력도 태부족이었다. 중증환자는 국가지정 음압병상으로, 경증환자는 감염병 전담병원으로, 시·도 간 이송을 위한 전원조정센터를 만들겠다는 큰 원칙만 세워진 상태였다.

마스크 대란도 이어졌다. 오늘부터 약국 등에서 마스크를 살 수 있다는 정부 발표는 거짓말이 됐다. 약국에 공급되는 마스크 물량이 절반으로 줄었고, 온전한 공급에도 1~2일이 추가됐다. 정부를 믿고 약국과 우체국으로 간 시민들은 헛걸음을 돌려야 했다. 다음 날 대통령이 참모들에게 불같이 화를 냈다는 뉴스가 나왔다.

보수야당은 정부 비판의 목소리를 높여갔다. 여당 대변인의 대구 봉쇄 발언에 이어, 어제 국회에서 보건복지부 장관은 "코로나19 확산의 주원인이 중국에서 들어온 한국인"이라고 말했다. 자국민은 안 챙기고 중국 눈치만 본다는 비판에 빌미를 주었다.

대구의 코로나19 확진자는 하루 만에 422명이 늘었다. 대구 신천지 교인 중 유증상자 1,299명부터 검사했기 때문이다. 보건 당국은 당분간 증가세가 이어질 것이라고 이성적으로 설명했지만 국민들은 정서적으로 공포를 느꼈다. 서울 은평성모병원, 부산 온천교회에서도 확진자가 각각 12명, 29명이 나왔다. "적극적으로 환자를 찾는 노력을 하고 있고, 가능한 한 조기에 환자를 발견해 집단발병으로 이어지지 않도록 차단하는 역할"이라는 정은경 본부장의 설명은 잘 들리지 않았다.

오늘 국립암센터를 방문했다. 국민안심병원 지정 시점에 현장을 직접 둘러보고, 미진하거나 지원할 부분은 무엇인지 알아보기 위해서였다. 의료기관 방역에는 게이트 가이드가 매우 중요하다. 암센터는 병원 입구부터 호흡기 환자와 비호흡기 환자를 분리하고 있다. 암센터 이은승 원장으로부터 "12개의 암센터 출입구 가운데 7개를 차단하고 5개의 출입구를 나누어 선별진료소를 경유하도록 한다"라는 이야기를 들었다. 호흡기 환자와 비호흡기 환자를 구분하여 출입통제 업무까지 추가된 센터 직원들의 피로감을 느낄 수 있었다.

효과적으로 감염병에 대응하기 위해서는 병원 건설 단계부터 출입구 등 동선을 고려해야 한다. 이미 있는 병원이라면 동선 구분을 지원할 필요가 있다. 국립암센터와 같은 공공의료기관부터 바꿔나가야 한다. 소는 잃지 않았지만, 외양간의 개보수는 필요해 보인다.

# 40일 차  코스피 2,000 붕괴

✦ **현재 상황**

확진자 2,337명(+571)
사망자 16명(+3)
완치자 27명(+1)

코스피지수 2,000선이 무너졌다. 오늘 코스피는 전 거래일보다 67포인트(3.3%)가 내린 1,987로 마감했다. 미국 증시 폭락의 직격탄을 맞았다.

정부는 '20조 원 플러스 알파' 경기지원 대책을 마련했다. 얼어붙은 소비 진작을 위해 상반기 신용(체크)카드 소득공제 비율을 늘리는 등 '코로나19 극복 종합대책'을 확정 발표했다. 어제는 전주 한옥마을처럼 임대료를 낮춘 임대인에게 세제 지원을 약속했다.

문재인 대통령은 국회에서 여야 4당 대표를 만나 초당적 협력을 당부했다. 여야는 다음과 같은 공동합의문을 발표했다.

## 공동발표문 전문

대통령과 여야 정당대표는 코로나19에 대한 방역 대응 상황 및 우리 경제에 미치는 영향과 대책 등에 대해 심도 있게 논의하고 아래의 사항에 대하여 합의했다.

1. 코로나19가 엄중한 상황이라는 데 인식을 같이 하고 국회와 정부는 초당적으로 국가적 역량을 모아 총력 대응한다.
2. 국회의 '코로나19 대책 특별위원회'와 정부는 적극적으로 협력한다.
3. 코로나19 사태 확산 방지와 피해 지원 및 경제활력 회복을 위해 추가경정예산 편성을 포함한 과감하고 신속한 특단의 대책이 필요하다는 데 인식을 같이한다.
4. 추가경정예산안은 감염병 대응 및 민생피해 직접지원을 위해 노력한다.
5. 코로나19 방역의 최일선에서 헌신하고 있는 보건의료인들께 감사드리며 의료인력, 치료병상, 시설과 장비 등을 집중 지원하기로 한다. 또한 신종 감염병 대응을 위한 보건의료체계 강화대책을 마련한다.

중앙재난안전대책본부는 '신천지 전체 신도 조사 추진 현황'을 발표했다. 전체교인 21만 2,324명 가운데 11만 4,068명의 상태를 확인했고 이 중 1,638명이 의심증상을 보여 진단검사를 받고 있다고 전했다. 엄청난 속도로 위험집단을 걷어내는 중이었다.

오늘 JTBC 〈밤샘토론〉에 나갔다. 미래통합당 박인숙 의원, 가천대길병원 엄중식 교수, 차의과대학 전병률 교수(전 질병관리본부장)와 2시간이 넘는 생방송 토론을 벌였다. 의협이 이미 2월 1일에 심각 단계 격상을 요구하지 않았냐는 지적이 나왔다. 확진자 폭증을 가져온 31번 환자 발생이 2월 18일이고, 그 후 5일 만인 23일에 심각 단계로 올렸음을 설명했다.

토론 말미에 사회자는 실시간 댓글을 소개했다. 눈에 띄는 댓글이 있었다. "책임을 따질 것이 아니라 앞으로 어떤 조치를 취할 것인지 토론해주세요."

옳은 말이었다. 지금과 같은 상황에서 신천지를 탓하고 중국을 탓하는 것은 급한 일이 아니다. 우선은 여야가 힘을 모아 감염병을 막는 것이 중요하다. 국민들은 정치권에게 책임을 요구하고 있었다. 이틀 뒤 민주당 보건의료공약 발표 사회를 보면서도 그 댓글이 머리에 계속 맴돌았다.

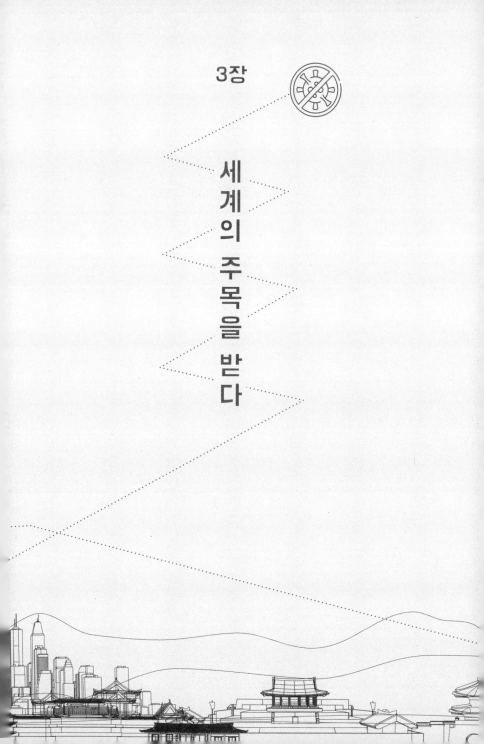

3장

세계의 주목을 받다

# 43일 차    신천지와 박근혜 시계

**✚ 현재 상황** COVID-19 REPORT

확진자 4,212명(+1,875)
사망자 22명(+6)
완치자 31명(+4)

1931년생으로 올해 88세인 고령의 신천지예수교 총회장, 이
만희는 머리를 숙였다. 진심으로 사죄드린다며 큰절을 하는 그는
손목에 박근혜 전 대통령의 이름이 찍힌 금장시계를 차고 있었
다. 겨울 양복 속에 뜬금없는 반팔셔츠를 입어서 자연스레 손목
을 노출시키는, 의도된 행동이었다. 그 장면으로 인해 모든 것의
진정성이 의심됐다.

그 의도가 무엇인지 솔직히 궁금하기는 하다. 온라인에서는
신천지가 특정 정당과 관계가 있다는 과거 기사가 회자됐다.
2014년 세월호 참사 당시 구원파의 '우리가 남이가' 플래카드도
생각났다. 미래통합당 측은 진짜 시계가 아니라고 반박했다.

신천지 강제수사를 두고 방역당국은 신중론을 펼쳤다. 강제
수사가 시작되면 신천지 교인들이 음성적으로 숨기 때문에 방역

에 부정적이라는 것이다. 검찰도 방역당국의 의견에 동조했다. 하지만 신천지가 신도 명단을 누락하거나 모임 장소를 은폐하는 등의 정황이 나왔다. 단순히 신천지의 선의에만 기대는 것이 맞는 일인지 의문이다.

경기도지사는 강경하게 대응했다. 이 총회장 측은 진단검사 결과 음성이 나왔다고 주장했지만 도지사는 강제 검체 채취를 시도했다. 이 총회장이 검사를 받은 사실이 확인된 후에야 경기도 측은 가평 신천지 연수원을 떠났다. 이재명 지사는 2월 24일 도내 신천지 시설 353곳을 강제 폐쇄하기도 했다. 반면 광주광역시는 신천지 교인에 대한 햇볕정책을 유지했다. 방역당국과 마찬가지로 강제력을 동원했을 때 역효과를 낼 수 있다는 우려 때문이었다.

코로나19가 끝난다면 지자체별 대응에 대한 평가가 필요하다. 단순히 강경·온건의 문제가 아니라 얼마나 전문성이 있었는지, 얼마나 신속하게 대응했는지, 의료공백은 어떻게 메웠는지 등 종합적인 사례 분석을 해야 한다. 우수사례 등 지자체의 좋은 경험을 서로 공유하고 벤치마킹한다면 감염병 대응 역량도 상향 평준화될 수 있을 것이다.

오늘부터 경증환자들은 병원 대신 생활치료센터에서 진료를 받게 됐다. 코로나19의 특성상 확진자의 80%는 별도의 의학적 처치가 없어도 자가치유가 가능하고, 무엇보다 사망자를 줄이려면 한정된 의료자원을 중증환자에 집중시켜야 하기 때문이다. 시·도별 환자관리반 중증도분류팀이 확진자를 경증, 증등도, 중증, 최중증 4단계로 분류하고, 중등도 이상 환자는 격리입원 하게 됐다. 경증 환자가 머무는 생활치료센터에는 전담의료진이 상주하며 건강 상태를 수시로 점검하기로 했다.

일부 대기업을 중심으로 연수원을 제공해줘서 생활치료센터 확충에 도움이 됐다. 하지만 그곳에서는 '생활'만 가능할 뿐 '치료'를 담당해야 할 의료진을 갑자기 확보할 방법이 없었다. 근원적으로는 공공의료인력 확충으로 가야겠지만, 당장 시급하다면 대기업 사내 의료인력 등 숨은 의료인력을 찾아내는 노력이 필요하다.

## 신천지 국장, 한국 코로나19 감염 책임 부인

김신창 신천지교회 국제선교국장은 CNN과의 인터뷰에서 한국 법무부가 지난해 7월 이후 중국 후베이성 우한에서 입국한 모든 중국인과 한국인이 아니라 신천지 신도 42명에 대해서만 여행이력을 공개한 이유를 묻고 싶다며, "한국 정부가 신천지와 바이러스 사이의 연관성을 과장하거나 신천지에 책임을 전가하려는 것은 아닌지 의심스럽다"라고 말했다. 코로나19 집단감염이 지난해 12월부터 시작되었으므로 신도들의 여행이력을 7월부터 확인할 필요가 없었다는 지적이다.

한국 정부는 2월 18일 신천지교회가 신종 코로나바이러스 확산과 관련이 있음을 확인 및 공개한 후, 신도 수천 명을 대상으로 접촉이력과 증상에 대한 추적 조사에 착수, 바이러스 확산을 막기 위해 긴박하게 움직였다. 그러나 신천지교회가 교인 명단을 방역 당국에 제공하는 데만 일주일이 걸렸다. 그 후에도 경찰은 직접 집집마다 문을 두드리고 통화기록을 조회하고 보안카메라 영상을 확인해야 했다. 신천지 신도들이 비신도의 전화를 받지 않는 경우가 많기 때문이다. 김 국장은 신도들이 정체를 부인하라는 지침을 받았다는 점은 인정하면서도, 그 이유가 중요한 정보를 은폐하거나 방역을 방해하려는 의도 때문이 아니라, "신천지가 이단으로 인식되고 있어서 많은 신도들이 차별을 당하기 때문"이라고 주장했다.

(출처: Shincheonji director denies responsibility for South Korea coronavirus infection
https://edition.cnn.com/2020/03/01/asia/shincheonji-director-coronavirus-intl-hnk/index.html)

# 44일 차   마스크 혼란

COVID-19 REPORT

**✦ 현재 상황**

확진자 4,812명(+600)
사망자 28명(+6)
완치자 34명(+3)

또 마스크였다. 식품의약품안전처장은 '마스크 사용 권고사항 개정'을 발표하며 "감염 우려가 높지 않거나 보건용 마스크가 없는 상황에서는 면 마스크를 사용하는 것이 도움이 된다"라고 밝혔다. 마스크 공급량이 충분하지 않은 상황에서 한시적으로 적용된다는 단서를 덧붙였다.

실제로 면 마스크는 효용이 있을까? 서울보건환경연구원의 실험 결과에 따르면 면 마스크에 정전기 필터를 붙일 경우 KF-80 수준의 보건용 마스크와 비슷한 역할을 해낼 수 있다고 한다. 면 마스크의 미세입자 차단율이 16~22%인 반면에 필터를 끼운 면 마스크의 차단율은 평균 80~95%였다.

하지만 국민적 호응은 낮았다. 일부 전문가들은 면 마스크가 오히려 감염 위험을 높인다고 주장했다. 무엇보다 국민들은 보건용 마스크가 부족해지니까 면 마스크를 권고한다는 꼼수로 받아들였다.

대통령은 국무회의에서 국민께 매우 송구스럽다고 거듭 사과했다. 정부는 마스크 공적판매처를 약국으로 일원화하고 50%인 공적 판매 비율을 80%로 높일 예정이라고 밝혔다. 마스크 5부제도 예고했다. 약국은 DUR(의약품안전사용서비스) 시스템을 통해 중복구매를 확인할 수 있다.

일부에서는 약국이 아니라 주민센터와 통장을 통해 마스크를 배급하자고 주장했다. 마스크 대란을 해결하기 위한 고육지책이긴 하나 개인적으로는 쉽게 동의하기 어려웠다. 공급이 부족한 상황에서 조금씩 풀리는 물량을, 그것도 전국적으로 통장 인력을 활용해 몇 달간 지속적으로 보급하는 것은 말처럼 쉽지 않은 일이다.

당장 공급 확대가 어렵다면 해법은 수요 억제에서 찾아야 한다. 심평원 시스템은 실시간 실명 확인이 가능하기에 개별 구매의 공정성 확보와 가수요 억제에 효과적이다. 실제로 마스크 5부제와 약국으로 판매 일원화를 추진한 배경에는 심평원의 전국적 시스템이 있었다. 국민들이 언제 몇 개의 마스크를 구입하는지 실시간 확인이 가능한 나라는 전 세계에서 대한민국이 유일할 것이다.

대구에서는 신천지 교인에 대한 검사가 반환점을 돌고 있었다. 전체 1만 914명 중 72.5%인 7,913명이 진단검사를 받았고, 결과가 나온 사람 중 55.4%인 3,168명이 확진 판정을 받았다. 신천지에 대한 집단검사가 끝나면 확진자는 줄어들 것으로 예측됐다. 중앙재난안전대책본부는 교인 여부를 떠나 위험도가 높은 사람부터 검진받을 수 있도록 전환하겠다고 밝혔다.

# 45일 차    대정부질문을 하다

**✦ 현재 상황**                                   COVID-19 REPORT

확진자 5,328명(+516)
사망자 32명(+4)
완치자 41명(+7)

    대정부질문 3일째 날, 교육·사회·문화 분야 질의자로 본회의 단상에 섰다. 애초 2월 26일로 예정되어 있었으나 국회 폐쇄 등으로 일주일이 밀렸다. 그동안 현안은 적어도 서너 번 바뀌었고 그때마다 질문지를 고쳐야 했다.

    확진자가 5,000여 명인 시점이었다. 마스크로 국민들의 짜증과 원망은 하늘에 닿아 있었다. 그렇다고 중국인 입국금지와 같은 보수야당의 주장에 동조할 수도 없었다. 여당 하기가 더 어렵다는 선배 의원들의 말이 피부에 닿았다. 국민들이 정말로 궁금해하는 질문을 던지고, 상황에 대한 단편적 지적이 아닌 원인과 대책, 장기적인 대안까지 모색하는 질의를 하고 싶었다. 내공이 부족한 탓에 쉽지 않았다.

장관을 대신해 참석한 보건복지부 김강립 차관을 단상으로 불렀다.

**허윤정** 진단키트나 의료기기, 방호복과 같은 필수장비 등은 공공재로 지정해서 정부가 관리해야 합니다. 통합관리시스템을 검토할 필요성 있는 것 아닙니까?

**김강립** 의원님 지적에 대해 적극 동의합니다. 일부 현장에서 마스크 등 크게 문제되지 않았던 품목에 대해 불안이 커지는 현상이 나타나고 있습니다.

**허윤정** 중국에서도 코로나19 논문이 나오는데, 우리나라는 논문조차 나오고 있지 않습니다. 감염병 기초연구, 공공의료 영역이 확대돼야 한다고 보는데요?

**김강립** 인류가 접하는 새로운 이 감염병에 대해 과학적인 데이터와 임상경험들을 체계적으로 모아서 학술연구, 치료제 개발 그리고 백신 개발에 활용해야 합니다.

**허윤정** 지난 사스나 메르스 때를 보면 질병관리본부장을 비롯해 많은 실무진이 최선을 다했음에도 감사원 감사를 여러 차례 받았어요. 적극 행정에 대해 면책 방안을 명확히 해줘야 되지 않습니까?

**김강립** 평상시 같으면 전문가 의견을 좀 더 들어야 될 사안이 긴급하게 결정되는 것이 사실입니다. 그러다 보니 실무자들이 부담이 있습니다. 적극행정위원회를 통해 노력하고 있습니다.


오늘 국무회의에서는 11조 7,000억 원 규모의 '코로나19 파급 영향 최소화와 조기극복을 위한 추가경정예산안'을 통과시켰다. 대구·경북 지역 경제회복에 6,000억 원을 비롯해 방역체계 보강 2조 3,000억 원, 중소상공인 지원 2조 4,000억 원 등의 내용이다. 세입경정 3조 2,000억 원을 빼면 순수 세출은 8조 5,000억 원 규모다.

추경은 절실한 사안이었다. 코로나19는 사회·경제적 약자의 삶부터 파괴했다. 라면 살 돈도 없다는 비명이 비정규직과 일용직에서 나왔다. 당장 생활자금도 없는데 신용카드 소득공제를 확대하고 자동차 소비세를 인하한들 무슨 소용이 있겠는가. 노동시간이 월 60시간 이하로 줄어든 노동자들은 4대 보험의 안전망 밖으로 밀려날 위기였다. 학교 급식을 납품하는 농민들은 작물을 출하하지 못해 발만 구르고 있었다. 과거와는 다른 과감한 정부 대책이 필요했다.

# 46일 차    해체된 전문가 집단

**✚ 현재 상황**

확진자 5,766명(+438)
사망자 35명(+3)
완치자 88명(+47)

감염병 관련 학회 11곳이 2월 중순 꾸린 '범학계 코로나19 대책위원회'가 해체됐다. 내부 분열이 있거나 열정이 식어서가 아니다. 정치적 공격에 의해 전문가 집단이 와해되고 말았다.

의협과 일부 언론이 대책위원회를 공격했다. 방역 대책이 실패했다며 그 배경에 비선 자문단이 있다는 프레임을 씌웠다. 자문단 교수들이 청와대, 복지부와 사적 인연으로 엮여서 야합한다는 뉘앙스였다.

결국 학계 73명이 참여해 보건당국을 자문하던 전문가 집단은 활동을 종료했다. 비선임을 인정해서가 아니라 참여 교수들을 정치에서 보호하기 위해서였다. 자신을 지역의료원 소속 의료진이라고 밝힌 한 시민은 청와대 국민청원 게시판에 "멀쩡한 전문의들을 빨갱이로 몰아 전문성을 발휘할 국가 자문에서까지 배제시켰다"라고 강하게 비판했다.

개인적으로는 전문가 자문을 넘어 보건복지부와 질본이 명실상부하게 감염병 대응 컨트롤 타워를 맡도록 법을 개정해야 한다고 생각해왔다. 하지만 컨트롤 타워는 고사하고 전문가 자문조차 허용되지 않다니…. 2020년 대한민국의 현실이 꽤나 슬펐다.

황당한 소식은 일본에서도 들렸다. 일본 정부는 한국과 중국 전역에서 오는 모든 입국자를 2주간 격리하겠다고 발표했다. 코로나19 대응 실패로 자국 내 비판이 커지던 아베 신조 총리가 정치적 탈출구로 한국을 때렸다는 분석이었다.

우리 정부는 단호했다. 상호주의에 입각해 일본발 입국자에 대해 특별입국 절차를 적용하기로 발표했다. 일부 언론과 야당은 정부가 중국에는 별다른 대응을 하지 않고 일본만 문제 삼는다고 재차 공격했다. 선거를 한 달 앞둔 그들의 기억에는 우한발 입국 금지와 중국 전역 특별입국 절차 실시는 존재하지 않았다.

국회 코로나19 특위 첫 회의가 열렸다. 김진표 위원장은 코로나19 극복을 위한 국회특위 활동을 계획하며 소홀함이 없었다. 선거가 임박했음에도 불구하고 국회 보건복지위원회 수석전문위원 등과 실무협의를 직접 진행하며 코로나19 극복을 위해 최선을 다하는 모습을 보면서 국회의원의 역할에 대해 다시 배우게 되는 계기가 되었다. 김진표 위원장은 국회특위가 활동하더라도 방역 업무에 걸림돌이 되어서는 안 된다는 원칙을 확고하게 고수했다.

오랜 공직 경험과 의정활동의 경력이 결합되어 원칙과 균형이 조화된 노련함이 느껴졌다. 실력이 있지만 늘 겸손하고 최선을 다하는 위원장님이 존경스러웠다.

국회 코로나19 특위도 답답하기는 마찬가지였다. 미래통합당은 국무조정실장, 복지부 장관과 차관이 회의에 오지 않았다며 질책했다. 현장을 지켜야 할 책임자들을 국회로 부르는 것이 과연 누구를 위하는 일일까? 답답한 심정을 억누르고 MBC 〈100분 토론〉 스튜디오로 향했다.

"코로나19의 대유행 가능성도 있지만, 어떻게 대응하느냐에 따라 충분히 달라질 수 있습니다. 현재 한국보다 빠르게 진단하는 나라를 찾기가 어렵습니다. 정부가 모든 가용 자원을 동원해 해내고 있습니다. 우리는 현장에 계신 의료진, 자원봉사자, 행정 인력을 신뢰해야 합니다. 유언비어에 흔들리지 않아야 하고 방역 당국이 최선을 다하고 있음을 알아주고 힘을 실어줘야 할 때입니다."

# 47일 차    주목받는 K방역

**✛ 현재 상황**                                    COVID-19 REPORT

확진자 6,284명(+518)
사망자 42명(+7)
완치자 108명(+20)

어제 경북 경산시가 감염병 특별관리지역이 됐다. 대구와 청도에 이어 세 번째였다. 감염에 취약한 요양원을 중심으로 확진자가 300명에 달했다. 이 중 신천지 교인 관련 감염은 63% 정도인 것으로 추정됐다.

국민안심병원에서도 확진자가 나왔다. 지정 4일 만에 분당제생병원에서 확진자가 9명 나왔다. 호흡기 환자와 비호흡기 환자를 분리해 감염을 방지하겠다는 안심병원에서 나온 터라 충격이 컸다. 정은경 본부장은 경로를 조사하겠다면서 안심병원 제도 자체에 문제가 있는 것은 아니라고 설명했다.

전 세계에 코로나19가 무서운 속도로 퍼졌다. 이탈리아는 중국에 이어 두 번째로 많은 148명이 사망했고, 독일과 프랑스의 누적 확진자도 500명대로 급증했다. 이란은 사망자가 124명이라고 밝혔다. 이탈리아는 8일 전격 봉쇄조치에 들어갔다. 하지만 봉쇄 계획이 언론에 유출되는 바람에 혼란이 극심했다. 주세페 콘테 이탈리아 총리가 격노했다고 한다.

유럽 등은 한국을 주목하기 시작했다. 우한 봉쇄 등 중국이 취한 일련의 조치는 바이러스 퇴치에 가장 강력한 무기임은 확실했다. 하지만 개인의 자유와 인권을 중요시하는 민주주의 국가에서는 실현 불가능한 조치로 여겨졌다. 한국은 사회주의 국가와 다른, 열린 민주주의 국가가 어떻게 바이러스를 퇴치하는지를 보여주는 선도 모델이었다. 곧 한국의 방역시스템은 주목을 넘어 부러움을 사게 됐다.

## K방역의 힘 #1
### – 진단검사부터, 대한민국은 계획이 있었다

우리나라는 신종 코로나19 확산 초반 중국 다음으로 감염자가 많았던 '위험 국가'였지만, '모범 방역국'으로 거듭났다. 이를 가능케 한 힘은 감염병 '방역 시스템의 꽃'으로 불리는 '진단검사'였다.

질병관리본부는 1월 31일, 1회 검사로 확진이 가능하고 6시간 내로 검사 결과를 확인할 수 있는 '실시간 유전자 증폭검사(Real Time RT-PCR)*'에 대한 평가를 마쳤다. 이러한 검사 준비가 가능했던 것은 메

---

* 기존에 시행하던 '판 코로나Pan Corona 검사법'은 두 단계의 검사를 진행했기 때문에 하루에서 이틀이 소요됐다.

르스 경험 덕분이었다.

2015년만 해도 국내에서 바이러스 감염 검사가 가능한 기관은 질병관리본부와 서울대병원뿐이었다. 방역당국은 감염병분석센터를 만들어 진단검사 관련 학회와 함께 진단검사의 신뢰성은 유지하면서 진단에 걸리는 시간을 줄이는 노력을 해왔다. 또한 국내 첫 확진자 발생 이전 (2020년 1월 17일) 코로나19 대응회의를 진행해 최적의 검사법을 논의하고, 진단키트 생산 업체와 정보를 공유했다.

코로나19 유입 이후 국내 진단키트 생산 업체들은 발 빠르게 진단키트를 개발했다. 이에 정부는 통상 진단키트 사용 허가에 필요한 80일의 기간을 단 7일로 줄이는 '긴급사용승인제도'를 도입해 발을 맞췄다.[*] 이로써 국내 일평균 진단키트 생산량은 13만 개까지 확대될 수 있었다. 그 결과 4월 27일에는 국내에서 약 60만 명의 코로나19 진단검사가 시행됐다. 광범위한 진단검사는 환자를 조기에 진단하고 분류해, 감염 확산을 막고 신속하게 치료할 수 있게 한 일등공신이다.[**]

코로나19 진단키트를 생산하는 국내 기업에 세계 주요국의 '긴급 주문' 요청이 쇄도하고 있다. 현재(2020년 5월 21일 기준) 국내 총 46개 업체, 72개 종류의 코로나19 진단키트가 수출용 의료기기로 허가를 받았다.[***]

---

[*]  보건복지부 보도자료, 2020.03.26.

[**] 《뉴스1》, "글로벌 히트작 진단키트⋯ 식약처 7일 만에 과감한 승인 빛났다" (2020.05.05.)

[***] 《연합뉴스》, "K-진단키트 전 세계서 '러브콜'⋯ "앞으로 더 기대""(2020.05.21.)

미국의 《블룸버그》 통신은 "한국이 전방위적으로 펼치는 코로나19 검사가 이 새로운 질병에 대한 해법을 찾는 길이 될 수 있을 것"이라고 보도했다.

# 49일 차　확진자 감소 추세

**✚ 현재 상황**

확진자 7,134명(+850)
사망자 50명(+8)
완치자 130명(+22)

　505, 448, 272. 지난 사흘 새 신규 발생한 확진자 수다. 안심할 수치는 아니지만 증가 폭이 주춤해진 것은 사실이다. 완치자도 어느덧 130명에 달했다. 대구 신천지 교인에 대한 검사가 95%에 달하면서 확진자 수가 줄기 시작했다. 의심되는 집단부터 조사했기에 전수조사 막바지에 갈수록 확진율이 떨어졌다.

　요양병원·요양시설 감염이 새로운 문제였다. 여러 명이 한 공간에서 지내는 구조인 데다, 상대적으로 좁은 공간에 여러 명의 간병인이 환자들을 돌보기 때문에 집단감염에 취약했다. 더구나 고령의 기저질환자가 다수라서 감염될 경우 바로 응급상황이 이어질 수 있었다. 정부는 신천지 교인 중 요양병원 종사자를 대상으로 진단검사를 실시해나갔다.

　대구에서는 경증 환자의 절반가량이 생활치료센터 입소를 꺼린다는 조사가 나왔다. 자녀양육과 부모봉양, 반려동물 관리, 먼 거리 등 사유도 다양했다. 한편으로는 화도 났지만 다른 한편으로는 사회·문화적 배경과 경제적 사정을 고려한 정책 설계가 필요하다고 느꼈다.

### K방역의 힘 #2
### – 드라이브 스루로 빠르고 안전하게

코로나19가 세계를 강타하면서 '한국형 드라이브 스루 Drive Through'가 국내외 SNS는 물론 외신에 보도되며, 세계적인 화젯거리가 됐다.

독일 언론 《슈피겔》 온라인은 "코로나19, 한국의 전략은 단호한 투명성" 기사에서, 대한민국 정부의 코로나19 대응을 칭찬했다.

"증상이 있는 사람은 자동차를 타고 '드라이브 스루' 센터에서 검사를 받는 데 10분이면 된다." (현지 시간 2020.02.29. 보도)

로라 비커 영국 BBC 서울 특파원은 개인 트위터에 대구의 드라이브 스루 선별진료소 사진을 게재했다.

"놀라운 사진이다. 기발한 아이디어를 빠르게 적용했다" (2020.02.26.)

'드라이브 스루 선별진료소'는 검사 대상자가 자동차에서 내리지 않고 창문으로 문진, 발열 체크, 검체 채취를 시행할 수 있는 선별진료소다.

일반 선별진료소는 시간당 2건, 1일 20건 정도의 검체 채취를 하는 데 비해, 드라이브 스루 형식은 소독·환기 시간을 절약할 수 있어 시간당 6건, 1일 60건까지 가능하다. 이에 더해 검사 대상자가 차량에서 내리

지 않아 대기자 또는 의료진의 교차 감염 우려를 낮출 수 있는 등 장점
이 있다.

▶ 세계 최초 자동차 이동형 선별진료소 표준운영지침 주요 내용[*]

- (운영방식) ①접수–②진료–③검체 채취(상기도/하기도)–④소독
  및 교육
  *기관별 상황에 따라 4단계 부스를 2단계로 간소화해 운영 가능
- (인력) 행정인력 1~3명(접수·교육·시설관리·차량통제 등), 의사 1~2
  명(진료), 간호인력 1~2명(검체 채취), 방역 1명(소독) 등 운영 형태
  에 따라 4~8명으로 운영 가능
- (공간조건) 주차 및 차량 이동이 가능한 최소 면적을 활용하여, 컨테
  이너형 또는 개방형 천막 형태 설치
- (고려사항) 1인 운전자 대상(보호자 동승 불가)이며, 대기시간 단축
  을 위한 사전 예약제 운영 필요

# 50일 차  방역과 경제, 두 개의 전쟁

**✚ 현재 상황**

확진자 **7,382명**(+248)
사망자 **51명**(+1)
완치자 **166명**(+36)

    더불어민주당은 체제를 바꿨다. 코로나19 조기 극복과 각종 현안에 효율적으로 대처하기 위해 기존 당 특위를 '코로나19 국난극복위원회'로 격상시켰다. 위원장은 이낙연 전 국무총리가 맡아 총괄하기로 했다. 내게는 이낙연 위원장의 전담 대변인이자 치료제 대책TF 팀장이라는 임무가 주어졌다. 이인영 원내대표가 매일 회의를 열어 실무 현안을 챙기기로 했다.

    이낙연 위원장은 우리가 두 개의 전쟁을 치르고 있다고 늘 강조했다. 하나는 바이러스와의 방역 전쟁이고 다른 하나는 코로나19 사태에 따른 경제 전쟁이다. 이 위원장은 모두 이기겠다고 공언했고 실제로 이를 실천하기 위해 백방으로 노력했다. 다 말할 수는 없지만 대변인을 맡으면서 이 위원장의 진심을 세세히 볼 수 있었다.

마스크 5부제가 시행됐다. 약국에서 출생연도 끝자리에 맞춰 일주일에 한 번, 1인당 2매만 구매할 수 있었다. 마스크 수출은 인도적 목적의 지원을 제외하고 모두 금지됐다. 마스크 생산량은 하루 1,400만 장까지 늘리기로 했고, 원료가 되는 멜트블로운MB 필터도 수급 조정에 나섰다.

외부로 알려지지 않았지만 심평원의 서버가 걱정이었다. 마스크 구매 관리를 위해 심평원 요양기관 업무포털이 사용됐다. 문제는 전국 모든 약국에서 수시로 접속할 경우 서버가 마비되어 또다시 마스크 대란이 일어날 우려가 있다는 점이었다. 심평원 측은 건강보험에 관련되는 서버까지 긴급활용해 운용하고 있었다. 이렇게 되면 자칫 사고가 날 경우 DUR과 요양기관 업무포털까지 마비될 가능성도 있다. 서버 증설이 필수였고 이 문제를 해결하기 위해 청와대, 복지부, 식약처 등과 조율했다.

오늘은 코스피가 폭락한 날이기도 했다. 엎친 데 덮친 격으로 국제 유가가 급락했고 코스피는 85포인트가 폭락한 1,954로 마감했다. 오늘 하루 시가총액 57조 원이 증발했다고 한다. 코로나19로 큰 타격을 입은 여행업, 관광숙박업 등 4개 업종이 특별고용지원업종으로 지정됐다. 두 개의 전쟁은 아직 갈 길이 멀었다.

## 코로나19 상황에서 나온 '권리와 책임의 충돌', 어떤 판단을 내릴 것인가?

대구·경북 지역의 코로나19 확산세가 심각하던 시기, 대구 거주 사실을 숨긴 채 서울백병원에 입원한 코로나19 환자를 둘러싼 논란이 있었다. 사실 관계는 다음과 같다.

- A 씨는 3월 3일 서울백병원 방문 시, 서울에 거처하는 딸의 마포 집 주소만을 기록하고, 3일 전에 대구에서 온 사실은 숨겼다.[*]
- 서울백병원에 입원한 환자 A 씨는 8일 오전, 코로나19 검사에서 양성이 나왔다. 다행히 A 씨로 인한 추가 확진자는 없지만 서울백병원의 응급실과 외래, 입원병동 일부가 폐쇄됐다.
- 서울백병원 측에서는 병원 입구에서 대구·경북 방문 여부를 질문하는데, 거주지를 밝혔다면 선별진료소로 안내했을 것이라고 전했다.
- A 씨는 3월 3일 평소 다니던 서울아산병원을 예약하려고 했으나, 대구에서 왔다는 이유로 진료를 거절당했기 때문에 어쩔 수 없었다고 밝혔다.
- 이에 서울아산병원은 정부가 내린 방침대로 2월 21일 감염병 특별관리지역 지정 이후 대구에서 온 환자 상태가 경증이면 진료를 2주간 연기해달라는 권유를 한 것이며, 진료 거부는 아니라고 해명했다.

[*] 《한겨레》, "정부, '대구경북' 회피 병원·거짓말 환자 모두에 "강력조처"" (2020.03.09.)

이 사건을 계기로 대구·경북 지역 환자가 다른 지역 병원을 찾을 경우
에 자칫 부당하게 진료 거부를 당하지 않도록 보완 조치가 필요하다는
목소리가 나왔다. 마찬가지로 환자가 거짓으로 진술할 경우 강력한 조
치를 취해야 한다는 의견도 있다.

> 감염병의 예방 및 관리에 관한 법률
> 제35조의2(재난 시 의료인에 대한 거짓 진술 등의 금지) 누구든지 감
> 염병에 관하여 「재난 및 안전관리 기본법」 제38조제2항에 따른 주의
> 이상의 예보 또는 경보가 발령된 후에는 의료인에 대하여 의료기관 내
> 원內院이력 및 진료이력 등 감염 여부 확인에 필요한 사실에 관하여 거
> 짓 진술, 거짓 자료를 제출하거나 고의적으로 사실을 누락·은폐하여서
> 는 아니 된다.
> 제83조(과태료) ① 다음 각 호의 어느 하나에 해당하는 자에게는
> 1,000만 원 이하의 과태료를 부과한다.
> 4. 제35조의2를 위반하여 거짓 진술, 거짓 자료를 제출하거나 고의적
> 으로 사실을 누락·은폐한 자.[*]

방역당국은 환자가 거짓으로 진술할 경우 강력한 조치를 취
해야 하지만, 진료를 거부하는 병원에 대해선 행정력을 동원하겠
다고 밝혔다(2020.03.09. 중대본 브리핑).

---

[*]  국가법령정보센터, 「감염병의 예방 및 관리에 관한 법률」(2020)

환자는 다니던 병원에서 계속 치료받을 권리가 있고, 병원은 원내 감염의 위험성을 줄여야하는 책임이 있다. 무엇 하나 중요하지 않은 것은 없다. 의료전달체계와 방역망을 보완해나가며 권리와 책임의 충돌을 최대한 막아야 한다.

# 51일 차     구로 콜센터 79명 확진

**✦ 현재 상황**

COVID-19 REPORT

확진자 7,513명(+131)
사망자 54명(+3)
완치자 247명(+81)

3월 9일, 서울에서 코로나19 집단감염이 발생했다. 구로구에 위치한 A 보험사 콜센터였다. 콜센터는 좁은 사무실에서 다수가 온종일 말을 하는 공간이기에 감염에 취약하다. 무려 87명의 확진자가 발생한 것도 문제였지만, 인구 밀집도가 높은 수도권 발생이어서 2차 감염이 시작될까 봐 비상이었다. 만약 지역사회가 감염된다면 제2의 신천지 사태를 넘어 코로나19 종식까지 포기해야 할 상황이었다. 서울시는 콜센터 전수조사에 들어갔다. PC방이나 노래방 등 다중이용시설도 당국의 주목을 받았다. 질본은 이틀 뒤 '코로나19 예방을 위한 사업장 집중관리 지침'을 발표했다.

이낙연 위원장과 함께 대구로 내려갔다. 동대구역 앞 백화점은 텅텅 비어 있었다. 안경업 등 중소기업 사장들은 어려움을 호소했다. 대구에 머물러 있는데 미래통합당 대구 지역 모 후보의

사무장이 코로나19로 돌아가셨다는 뉴스를 접했다.

올라오는 길에 상상을 해봤다. 만약 내가 확진 판정을 받게 되면 이 위원장은 어떻게 되는 걸까. 14일 동안 자가격리를 해야 할 텐데 총선을 코앞에 둔 시국에 발이 묶이면 그 피해는 얼마나 클까. 혹시나 나 때문에 안 좋은 결과가 있으면 어떡하나. 상상도 하기 싫었다.

모든 확진자는 본인이 확진자라는 사실이 괴로울 것이다. 본인의 건강도 문제지만 주변인에게 엄청난 피해를 준다는 점에서 그 죄의식을 감내하기란 참 힘든 일일 것이다. 대구에서 올라오는 KTX 안에서 확진자임을 숨기고 싶어 하는 마음이 이해되었다.

대상자를 낙인찍고 비난할수록 감염병 환자는 음지로 향할 가능성이 커진다. 감염자가 숨을수록 내 주변에 바이러스가 가까이 올 위험성은 높아지고, 방역도 어려워져서 사태는 걷잡을 수 없는 방향으로 확산될 우려가 커진다. 확진자는 불행한 이웃일 뿐, 나도 확진자가 될 수 있다는 사실을 깊이 기억해야 한다. 무분별한 신상털기와 비난은 방역에 부정적이다.

# 53일 차    WHO, 팬데믹 선언

✚ **현재 상황**

확진자 7,869명(+356)
사망자 66명(+12)
완치자 333명(+86)

WHO가 팬데믹을 선언했다. 120개국, 12만 명이 감염된 상황이었다. 남극을 제외한 모든 대륙에 확진자가 발생했다. WHO 사무총장은 기자회견에서 "단순한 공중보건 위기가 아니라 모든 분야에 영향을 미칠 만한 위기"라고 말했다.

WHO의 팬데믹 선언은 1968년 홍콩독감과 2009년 신종플루 뿐이었다. 2009년 당시 WHO는 팬데믹을 선언했다가 제약업계의 공포 마케팅에 편승했다는 비판을 받았고, 자체 조사에서는 전문가들과 제약회사의 금전 관계가 드러나기도 했다. 코로나19에 WHO가 신중한 태도를 보이는 것도 무리는 아니었다.

정부는 현행 기조를 유지하되 상황 변화에 따라 대응하겠다고 밝혔다. 오늘부터 프랑스, 스페인 등에 대해서도 특별입국 절차를 적용하기로 했다. 유럽 등 다른 나라의 확산이 심각해지자 이제는 우리가 해외 입국자를 철저히 관리할 차례였다.

한편 코로나19의 발원지인 중국은 오늘 신규 확진자 8명, 사망자 7명을 기록하면서 안정세로 접어들었다. 우리도 조금씩이지만 확진자가 줄었다.

# 54일 차    비상경제시국

✚ 현재 상황

확진자 7,979명(+110)
사망자 67명(+1)
완치자 510명(+177)

대통령은 힘주어 강조했다. 메르스나 사스와는 비교가 안 되는 '비상경제시국'이기에 전례 없는 대책을 최선을 다해 만들 것을 주문했다. 오늘 열린 '경제·금융상황 특별점검회의'는 시의적절했다는 평을 받았다.

코로나19와 국제 원유 가격 하락으로 세계 경제는 요동쳤다. 미국과 유럽 증시가 10% 폭락했고 국내 증시는 1,680까지 떨어졌다가 1,771로 거래를 마감했다. 불과 2주 전에 2,000이 무너졌는데 이제는 1,700도 걱정해야 할 상황이었다. 증시 개장 이후 처음으로 코스피와 코스닥에서 서킷브레이커[*]가 동시에 발동됐다.

[*]  주가의 급격한 변동으로 나타나는 주식 시장의 급속한 붕괴를 예방하기 위해 일정 시간 동안 주식시장 거래를 전면 중단시키는 제도. 미국은 20분, 대한민국은 30분 동안 거래를 중단시킨다.

경제부총리 등은 긴급 거시경제금융회의를 열고 대응 방안을 논의했다. 금융위는 공매도 전면금지 등 시장안정조치를 의결했고, 한국은행의 기준금리 인하도 점쳐졌다. 소상공인의 지역신용보증재단 심사 기간을 줄이려는 다각적 노력도 이어졌다. 경제부총리는 기존 정책에 추가해 창의적인 방안을 마련할 것을 주문했다.

하지만 기본소득 논의에 대해 재정당국은 선을 그었다. 대규모 국채 발행을 하면 채권 금리는 상승하고 재정 건전성은 저하되며, 실제 경기부양 효과도 크지 않다는 이유였다. 경제적 효과만 고려한다면 정부의 직접 투자나 구매가 효과적이라는 반론이었다.

반면 민주당 일부에서는 기본소득을 주장했다. 돈의 순환이 멈췄기 때문에 기본소득을 바탕으로 경제를 순환시켜야 가계와 소상공인이 살 수 있다는 논리였다. 정부가 우려하는 부분은 지역 화폐 사용 및 사용 기한 제한으로 풀 수 있다고 보았다. 당은 추경도 대폭 확대해야 한다는 문제의식이 있었고 2차 추경 주장도 나왔다.

직장에서 무급휴가를 강요받거나 권고사직을 당하는 등 피해 사례는 늘어갔다. 정부가 고용유지지원금을 확대하겠다고 밝혔지만, 직원에게 임금을 선지급하고 사후 지원금을 받을 여력조차 없는 기업도 많았다. 일부 고용주는 무급 휴가 등 손쉬운 방안을 활용하기 위해 노동자를 압박했다. '미시'경제도 '비상경제시국' 이었다.

## 코로나19 상황에 필요한 노동법

코로나19 확산으로 사업장 문을 닫게 되거나 일시적인 휴업에 들어가는 안타까운 사례가 많아지고 있다. 고용노동부에서 배포한 자료는 다양한 사례에서 대처 방안을 제시한다.[*]

▶ 휴업, 휴직, 해고

Q. 사업장에서 확진환자가 발생하여 불가피하게 휴업을 실시한 경우, 휴업수당을 지급해야 할까?

A. 근로자 중 확진환자, 유증상자 또는 접촉자가 발생해 추가 감염 방지를 위해, 소독·방역 등을 위해 사업장 전체 또는 일부를 휴업한 경우에는 사용자의 귀책사유로 보기 어려워 원칙적으로 휴업수당 지급 의무가 발생하지 않는다. 다만 근로자 생계보호를 위해 가급적 유급으로 처리하도록 권고하고 있다.

한편 감염병예방법에 따라 보건당국에 의해 입원·격리되어 같은 법 제41조의2에 따라 유급휴가 비용을 지원받은 경우에는 반드시 유급휴가를 부여해야 한다.

Q. 감염병 확산 예방 등을 위해 사용자가 자체적으로 휴업을 실시한 경우, 휴업수당을 지급해야 하나?

---

[*] 고용노동부 보도자료(2020.03.06.), "코로나19 관련 노동관계법 주요 Q&A"

A. 근로자 중 확진환자, 유증상자, 접촉자 등이 없거나, 확진자의 방문으로 인한 방역 조치가 완료된 이후에도 사용자의 자체적인 판단으로 휴업을 실시한 경우에는 사용자의 귀책사유에 해당해 휴업수당을 지급해야 한다.

**감염병예방법에 따른 유급휴가비·생활지원비 제도**

| 구분 | 유급휴가비 | 생활지원비 |
|------|-----------|-----------|
| 지원 대상 | 격리된 자에게 유급휴가를 제공한 사업주 | 격리 통지서를 받고 격리된 자 |
| 지원 수준 | 개인별 일급 기준 (1일 13만 원 상한) | 긴급복지 지원액 기준 (4인 가구 123만 원) |
| 신청처 | 국민연금공단 지사 | 주민등록지 관할 시군구 |

(※ 유급휴가비와 생활지원비는 중복 지급되지 않음)

근로기준법 제46조(휴업수당)
① 사용자의 귀책사유로 휴업하는 경우에 사용자는 휴업기간 동안 그 근로자에게 평균임금의 100분의 70 이상의 수당을 지급하여야 한다. 다만, 평균임금의 100분의 70에 해당하는 금액이 통상임금을 초과하는 경우에는 통상임금을 휴업수당으로 지급할 수 있다.
② 제1항에도 불구하고 부득이한 사유로 사업을 계속하는 것이 불가능하여 노동위원회의 승인을 받은 경우에는 제1항의 기준에 못 미치는 휴업수당을 지급할 수 있다.

Q. 코로나19 확산에 따른 매출감소 등을 이유로 사용자가 무급휴직을 실시할 수 있는지?

A. 근로자의 의사에 반하여 무급휴직을 강요할 수 없으므로 사용자가 일방적으로 무급휴직을 실시할 경우, 원칙적으로 휴업수당을 지급하여야 한다.

다만 매출이 급감하고 적자가 지속되는 등의 사유로 고용 조정이 불가피할 정도로 긴박한 경영상의 필요가 발생한 경우에는, 사용자가 해고 회피 노력의 일환으로 고용 조정 대신 노사합의를 통해 무급휴직을 실시하는 것은 가능하다(대법원 2001다14665).

▶ 연차휴가와 재택근무

Q. 근로자가 연차유급휴가 사용을 요청했는데, 회사에서 코로나19로 인한 비상상황을 이유로 연차를 반려할 수 있는지?

A. 연차유급휴가는 근로자가 청구한 시기에 주어야 한다. 다만 사업 운영에 막대한 지장이 있는 경우에는 시기 변경이 가능하다(근로기준법 제60조).

'사업 운영에 막대한 지장' 여부는 휴가 청구자 업무의 성질, 작업의 바쁜 정도, 같은 시기에 휴가 청구자 수 등을 고려하여 판단한다.

병가·휴직 등으로 일시적으로 인원이 부족하거나, 휴가 청구일이 집중되는 등 사업 운영에 막대한 지장이 있을 경우에는 시기 변경권 행사가 가능하다. 이 경우에도 다른 날에 휴가일을 지정하는 등 휴가 부여

시기를 조정하는 데 그쳐야 하며, 휴가 자체를 부여하지 않는 것은 법 위반이다.

Q. 회사 건물 내 다른 층에 확진자 동선이 있어 회사가 2일간 폐점한 경우 근로자에게 연차휴가를 사용하도록 강제할 수 있는지?
A. 연차유급휴가는 근로자가 청구한 시기에 주어야 하기 때문에 근로자의 의지와 관계없이 강제로 사용하도록 할 수 없다.
감염병예방법에 따라 추가 감염방지를 위한 방역당국의 대책으로 인한 휴업이 아닌, 감염 가능성이 낮음에도 임의로 휴업하거나 매출 감소 등으로 휴업을 실시하는 경우에는 사용자의 귀책사유에 의한 휴업에 해당하므로 휴업수당을 지급해야 한다.

Q. 회사에서 코로나19와 관련하여 직원들이 희망하는 경우에는 재택근무 하도록 하고 있는데, 특정 부서 또는 근로자에게는 희망 여부를 묻지 않거나 출근하도록 하는 경우 문제가 되는지?
A. 재택근무에 대한 사항이 근로계약이나 취업규칙·단체협약에 명시된 경우에는 사업장은 이를 준수해야 한다.
다만, 근로계약 취업규칙 단체협약 등 규정에 관련 내용을 명시하지 않은 채 단순히 회사의 배려 차원에서 희망자에 대해 재택근무할 수 있도록 공지했다면 일부 부서 직원에 대한 재택근무 제한 자체를 법 위반이라고 보기는 어렵다.

# 55일 차　그날 중앙당에 무슨 일이?

**✚ 현재 상황**

COVID-19 REPORT

확진자 8,086명(+107)
사망자 72명(+5)
완치자 714명(+204)

이해찬 민주당 대표, 이낙연 국난극복위원장, 이인영 원내대표, 윤호중 사무총장, 다수의 최고위원들. 더불어민주당 지도부 전원이 코로나19에 감염된다면?

그런 일이 실제로 일어날 뻔했다. 오늘 당사에서 중앙위원회가 열렸다. 당 지도부와 비례대표 후보자들이 한자리에 모여 순위 투표를 하는 자리였다. 코로나19 상황으로 중앙위원 대부분은 온라인으로 참여했다. 제한된 참석자들로 제한된 행사를 진행했다.

문제는 당사에 온 모 기자였다. 그 기자는 며칠 전 국회 농림해양수산식품위원회(이하 농해수위)를 취재했는데 마침 해수부 공무원 확진자가 농해수위 회의에 배석했던 터라 감염 우려가 제기된 상황이었다. 만약 기자가 감염으로 확인됐다면 당 지도부 전원이 자가격리에 들어가야 했기 때문에 당사가 폐쇄될 위기였다.

얼마 전 대구에 간 대통령이 떠올랐다. 확진자와 접촉한 대구시 경제부시장이 대통령 주재 회의에 참석한 것이다. 뒤늦게 접촉을 알게 된 청와대가 발칵 뒤집혔으나 다행히 경제부시장은 음성 판정을 받았다. 만약 양성이었다면 대통령이 자가격리되고 청와대가 마비되는 초유의 사태로 갈 수도 있었다.

중앙당은 기자에게 코로나 검진을 받아줄 것을 요청하고 결과가 나오기까지 노심초사했다. 마침 그날 당번 대변인으로 현장에 있었던 나는 최악의 상황을 상상하며 머릿속이 복잡했다.

몇 시간을 기다린 끝에 다행히 결과는 음성이었다. 코로나19가 멀리 있지 않다는 것이 피부로 느껴진 하루였다.

### 접촉자의 접촉자? 확진자와 접촉한 사람과 만나면?

질병관리본부 '코로나바이러스감염증-19 검역대응지침(7-5판, 2020.04.21.)'*에 따르면, 확진자와 접촉한 사람은 자가격리 대상으로 관리된다. 하지만 확진자 접촉자와 접촉한 사람은 자가격리 대상으로 분류되지 않는다. 확진자와 접촉한 사람에 대한 자가격리 기준은 있지만, 이 접촉자와 접촉한 사람에 대한 별도의 매뉴얼은 없다.

현행 '감염병예방법'에서 '접촉자'는 확진환자와 접촉하거나 접촉이 의심되는 사람을 말한다. 방역당국은 음성 판정을 받은 접촉자와 접촉

---

* 《뉴시스》, "일본 "무증상감염 위험↑ …접촉자 관리지침 변경 필요""(2020.04.02.)

한 사람들은 격리대상에 포함되지 않아 일상생활을 하면 된다고 설명한다.

감염병예방법 제2조 15의2

"감염병의심자"란 다음 각 목의 어느 하나에 해당하는 사람을 말한다.

가. 감염병환자, 감염병의사환자 및 병원체보유자(이하 "감염병환자 등"이라 한다)와 접촉하거나 접촉이 의심되는 사람(이하 "접촉자"라 한다)

코로나19의 무증상 전파 사례가 증가하면서 과도한 자가격리와 '도미노' 휴업이 나타나기도 했다. 하지만 단순 접촉자의 접촉자를 또다시 격리하는 것은 과학적 근거가 부족하다는 것이 전문가들의 의견이다. 따라서 확진자로 판정될 경우 역학조사를 통해 접촉자를 확인하고 그 접촉자만 자가격리하는 것으로 방역당국의 지침이 정리된 것이다.[*]

정부의 접촉자에 관한 지침이 결코 소극적인 것이 아니다. 방역당국의 지침은 방역 상황에 맞춰 수정되어왔다.

• 확진환자와 접촉한 정도 및 시간을 분석해 역학조사관 판단에 따라 밀

---

[*] 《경향신문》, "'묻지마' 폐쇄·휴업·격리… 일관된 기준이 없다"(2020.02.10.)

접접촉자, 일상접촉자로 나누던 걸 '접촉자'로 일원화(2020.02.04.)[*]
기존 자가격리는 당초 밀접접촉자에게만 해당됐고 일상접촉자는 관할 보건소의 능동감시만 받음.

- 확진환자의 발병일 접촉자뿐 아니라, 발병 하루 전에 만난 사람도 접촉자로 분류하도록 지침 변경(2020.02.07.)
- 무증상 감염의 위험성이 더 높아지면서 접촉자 기준 지침을 발병 하루 전에서 이틀까지 확대(2020.04.02.)

감염병 확산 방지를 위해 역학조사를 통한 접촉자 관리는 필수다. 하지만 무분별한 자가격리와 폐쇄 조치는 행정력 소모와 경제적 피해로 이어진다. 방역당국의 지침을 확인하고 방역대응 체계를 신뢰할 필요가 있다.

---

[*] 《국민일보》, "'2m 룰' '접촉자 일원화'… 4일부터 신종 코로나 대응 확 바뀐다" (2020.02.03.)

# 56일 차 대구 등 특별재난지역 지정

**✚ 현재 상황**

확진자 8,162명(+76)
사망자 75명(+3)
완치자 834명(+120)

대통령이 대구와 경산, 청도, 봉화를 특별재난지역으로 지정·선포했다. 자연재해가 아닌 감염병으로 특별재난지역이 선포된 것은 처음이다. 이 지역들은 확진자의 83%, 사망자의 87%가 집중돼 있었다. 정부는 대구·경북의 위기를 국가적 차원에서 조속히 극복하려는 의지라고 설명했다. 특별재난지역은 피해 복구와 피해자 생활 안정 지원 등에 국비가 투입된다.

대통령은 트럼프 미 대통령에게 G20 특별 화상회의도 제안했다. 코로나19 극복을 위해서 각국의 공조가 절실한 상황이었다. 트럼프 대통령은 적극 검토하겠다며 한미 양국이 방역대응 등을 긴밀히 협력해가기로 했다.

정부는 모든 해외 입국자에 대해 특별입국 절차를 실시하는 방안도 검토했다. 팬데믹 선언에 따른 조치였다. 입국장에서 발열 검사와 국내 연락처 수신 여부를 확인하고, 입국 후에도 14일 간 자가진단 앱을 통해서 건강 상태를 신고해야 한다. 중대본은 의료기관을 돕기 위해 건강보험 선지급 지원을 대구·경북에서 전국으로 늘렸다.

유럽 상황은 갈수록 악화되고 있었다. 국경 폐쇄에 부정적이던 독일마저 국경을 부분적으로 통제하기로 했다. 의료체계가 붕괴된 이탈리아에서는 확진자의 생존 가능성을 높이기 위해 노인보다는 젊은 환자를 우선 치료해야 한다는 주장까지 나왔다.

알려지지 않은 사실이지만 국내에서도 비슷한 주장이 있었다. 모 대학의 의료진들은 노인보다 다른 환자 치료에 집중해야 한다고 주장했다고 한다. 더 많은 사람을 살리기 위한 고육지책이겠지만, 환자나 의사 모두 판단하거나 결심하기 어려운 문제다.

의사들은 히포크라테스 선서를 통해 "나이, 질병, 장애, 교리, 인종, 성별, 국적, 정당, 종족, 성적 성향, 사회적 지위 등에 따라 환자를 차별하지 않겠다"라고 스스로 약속한다. 눈앞에서 괴로워하는 노인을 포기하는 것이 과연 쉬운 일일까? 하지만 의료체계가 무너진 상황이라면 한 사람이라도 더 살리는 것이 옳은 일 아닐까?

마이클 샌델은 『정의란 무엇인가』의 첫 장에서 폭주기관차의 예를 들며 이 딜레마를 제기한다. 그는 사고실험을 통해 학생들을 정치철학으로 이끌지만, 우리는 코로나19라는 현실을 맞아 결론을 내려야 하는 처지다. 하지만 답이 있을 리가 없다. 누구도 정답을 모르지만 끊임없는 고민이 필요하다.

윤리적 고민도 고민이지만, 재난 대책이야말로 꾸준하게 준비하고 투자해야 한다. 마치 '자동차보험'과 같다. 언제 닥칠지 모르는 사고에 대비해 운전자에게 의무적으로 자동차보험을 가입하도록 하는 것처럼 말이다. 운전자 역시, 자동차를 보유하는 것이 언제든 사고 위험을 동반한다는 것을 전제로 보험금을 납부한다. 하지만 운전자 중 그 누구도 납부한 보험금의 본전을 찾고 싶어 하는 사람은 없다.

사람들은 그것이 언제 닥칠지 모를 교통사고를 대비하는 당연하고 필수적인 투자라는 것을 알고 있다. 코로나19와 같은 바이러스는 변이를 일으키며 언제든지 국내는 물론 전 세계를 공격할 수 있다. 감염병 위기는, 언제 닥칠지 모르지만 의무적으로 가입하는 자동차보험같이 투자해야 대응할 수 있다.

정부와 국민의 감염병 재난 투자에 대한 인식이 바뀌어야 한다. 본전을 생각하지 않는 감염병 대응에 대한 꾸준한 투자는 불시에 찾아온 재난을 대응할 수 있는 힘이 될 것이다.

# 57일 차 코로나19 치료제를 모색하다

**✛ 현재 상황**

확진자 8,236명(+74)
사망자 75명(+0)
완치자 1,137명(+303)

더불어민주당 코로나19 국난극복위원회 치료제 TF팀장으로 긴급 간담회를 열었다. 의원회관의 모든 세미나실이 문을 닫고 있어서 본청 원내대표실에서 전문가들을 만났다.

대한감염학회, 한국제약바이오협회 등 전문가들은 치료제 연구를 안정적으로 진행할 수 있도록 추경 등으로 지원해줄 것과 임상 및 연구 영역에서의 행정 절차 간소화를 건의했다.

감염병을 예방하는 백신 개발은 꾸준한 연구와 긴 임상시험을 수반하는 장기 과제인 반면, 치료제는 정부 지원에 따라 단시일 내에 성과를 낼 수 있다. 실제로 17년 전 창궐했던 사스의 경우 아직도 백신이 개발되지 않은 상태다. 치료제를 생산하는 제약기업의 목소리를 확인해야겠다고 생각했다.

성남 '은혜의 강' 교회에서는 제2의 구로 콜센터 사태가 터졌다. 확진자가 46명으로 수도권에서 두 번째로 큰 집단감염이었다. 교회 측은 코로나19를 소독한다면서 분무기로 신도들 입에 소금물을 뿌렸다. 잘못된 정보가 신도들을 확진자로 몰아갔다. 종교시설에서 '사회적 거리두기'가 절실했다.

대학들은 봄학기를 개강했다. 대부분 강의가 온라인으로 진행된 진풍경이었다. 초·중·고는 여전히 개학을 미루고 있었다. 정부가 학부모를 위해 긴급돌봄을 제공했지만 감염을 우려해 참여가 저조했다. 긴급돌봄 서비스 제공 시간 연장, 중식 제공 등 정책은 현장에서 엇박자가 났다. 코로나19가 국민들의 삶을 바꾸고 있었다.

# 58일 차    빌 게이츠 재단에서 온 제안

**✦ 현재 상황**

확진자 8,320명(+84)
사망자 81명(+6)
완치자 1,401명(+264)

    빌&멀린다 게이츠 재단 측에서 대학을 통해 연락이 왔다. 코로나19 치료제와 관련된 제안이었다. 재정 지원은 얼마든지 할 테니 치료제 개발을 위해 코로나19 환자와 관련된 빅데이터를 공동으로 연구했으면 한다는 제안이다.

    우리나라가 가장 잘할 수 있는 일이었다. 우선 확진자와 완치자 정보가 많아 다양한 연구에 활용할 가능성이 있었다. 게다가 우리는 건강보험을 통해 전 국민의 의료정보를 체계적으로 관리하고 있다. 전 세계에서 대만과 우리나라만 이런 시스템을 갖추고 있다. 치료제나 백신 개발 등의 국제 공조에 기반 연구의 필요성이 있었지만, 검토해야 할 과제가 많았다. 세부 내용을 다 밝힐 수는 없지만, 관련 기관에 빌 게이츠 재단의 의사를 전달하고 논의했다. 필요한 절차를 알아보기 시작했다.

문재인 대통령은 비상경제회의를 직접 주재하겠다고 밝혔다. 비상경제회의는 1998년 IMF 외환위기와 2008년 세계금융위기 당시 비슷한 형식으로 꾸려진 바 있다. 그 당시와 비견될 정도의 위기였다. 대통령은 "실효성이 있는 방안이라면 그것이 무엇이든, 쓸 수 있는 모든 자원과 수단을 총동원해야 한다"라며 "유례 없는 비상상황이므로 대책도 전례가 없어야 한다"라고 역설했다.

국회에서는 11조 7,000억 원 규모의 추경이 본회의를 통과했다. 하지만 민주당에서는 직접 지원 확대를 위해 2차 추경이 필요하다는 목소리가 커졌다.

교육부는 개학을 4월 6일로 다시 미뤘다. 학교 내 집단감염 가능성이 사라지지 않았다는 전문가 의견이 반영됐다.

# 59일 차 코로나19 치료제를 모색하다 2

**✚ 현재 상황**

확진자 8,413명(+93)
사망자 84명(+3)
완치자 1,540명(+139)

COVID-19 REPORT

  치료제와 관련해 제약기업 간담회를 열었다. 업체의 영업비밀이 포함될 수도 있고, 실제 현황과 속내를 여과 없이 청취하고 싶어 비공개로 진행했다. 흔히 간담회에서는 공식적인 입장만을 이야기하는 경우가 많은데 오늘은 제약업체들이 애로사항을 많이 토로했다. 임상연구 윤리위원회IRB, 허가 절차, 승인 제도 등 규제가 많아 치료제 개발에 속도를 내기 어렵다는 목소리였다.

  모든 일이 그렇겠지만 실제 시행으로 연결되지 않으면 생색내기밖에 안 된다. 다음 단계는 책임 있는 정부 부처와 민간을 연계하는 일이다. 다음날 곧바로 3차 간담회를 열었다. 복지부, 식약처, 질병관리본부와 국립보건연구원, 건강보험심사평가원, 대한감염학회 등 유관 부처가 모두 모였다. 이미 각 기관에서도 현장의 어려움을 공감하고 있었기 때문에 논의에 가속도가 붙었다.

결과물이 생각보다 빠르게 나왔다.

정부는 심사와 자료접수를 동시 진행해 적극적인 유권해석 등을 약속했다. 국회와 정부, 기업이 민관 협력체계를 구축해야 한다는 점도 공감대를 이뤘다. 치료제를 실제 임상과 연계해서 개발할 필요성도 공감하며 권역별 감염병전문병원 설치가 중요하다는 의견도 나왔다.

한편 보건복지부 차관은 질본 지침에 따라 자가격리에 들어갔다. 지난 13일 병원장 간담회에서 차관을 만난 분당제생병원장이 오늘 새벽 확진 판정을 받았기 때문이다. 아찔한 상황이지만 나중에 차관은 음성으로 확인되었으니 그나마 천만다행이었다. 만약 차관이 확진됐더라면 방역을 총괄하는 지도부 공백 사태가 벌어졌을 것이다.

실시간으로 변하는 상황을 파악하고 매 순간 결정을 내려야 하는 총괄본부 전원이 자가격리되면 신속하고 책임 있는 대응이 사실상 불가능하다. 제 한 몸도 못 지키는 방역에 대한 신뢰도가 추락하고 국민 불안감이 커지는 것은 두말할 나위 없다.

비행기 조종사와 부조종사는 동시에 식중독에 걸리는 것을 예방하기 위해 식단을 달리한다고 한다. 감염병 대응에서도 지도부 공백을 예방하고 백업하는 플랜B를 만드는 것이 필요하지 않을까 하는 생각이 든다. 현실적으로 가능할 것 같지는 않지만….

# 60일 차    한미통화스와프 체결

✚ **현재 상황**

확진자 8,565명(+152)
사망자 91명(+7)
완치자 1,947명(+407)

    오늘 한국은 미국과 600억 달러 규모의 통화스와프 계약을 체결했다. 원·달러 환율 급등세를 진정시키고 외환시장 안정화에 기여했다는 호평을 받았다. "문재인 정부는 낙제점"이라며 "달러의 방주에 올라타야 산다"라고 주장한 일부 언론의 오늘 칼럼이 무색해졌다. 그간 물밑 작업을 했다는 것이 정부 관계자의 설명이었다.

    "방역 중대본처럼 경제 중대본 역할을 할 비상경제회의를 오늘부터 본격적으로 가동합니다." 대통령은 오늘 열린 비상경제회의에서 총 50조 규모의 '민생·금융안정 패키지'를 발표했다. 가장 힘든 사람에게 먼저 힘이 되어야 한다는 대통령의 뜻이 포함되어 있었다.

# 61일 차　재난 리더십

✚ 현재 상황　　　　　　　　　　　　　COVID-19 REPORT

확진자 8,652명(+87명)
사망자 94명(+3명)
완치자 2,233명(+286명)

　　정세균 총리를 만났다. 여전히 온화하고 인자한 미소였지만 수척해 보이는 것은 어쩔 수 없었다. 총리는 20여 일간 대구 현지에서 코로나19와 싸우다가 지난 14일 서울로 복귀했다. 하루 700명에 달하던 신규 확진자 폭증세가 어느 정도 안정됐고, 국무총리실에 다른 일거리가 산더미처럼 쌓였기 때문이다. 총리는 귀경하면서도 대구 경북을 위로하고 힘을 합칠 것을 약속했다.

　　재난 리더십은 중요하다. 각 나라의 상황이 다르긴 하지만 트럼프 미국 대통령, 시진핑 중국 주석, 아베 일본 총리 등이 보여준 리더십은 각각 다른 결과를 낳았다. 그런 면에서 방역 당국에 힘을 실어주고 적극적인 선제 조치를 지시한 문재인 대통령의 리더십은 높이 평가받을 만하다. 외신도 한국의 리더십에 후한 점수를 주었다. 적극적으로 현장에 내려가 진두지휘하고, 세심하게 민심을 살핀 총리의 역할도 컸다. 만약 대통령이 현실을 축소하려 하고 총리가 책상에서 지시만 내렸더라면 K방역이 탄생할 수 있었을까? 그보다 코로나19 확산세를 잡을 수 있었을까?

2015년 메르스 때의 질본과 2020년 코로나19 때의 질본이 전혀 다른 평가를 받는 배경에는 적극적인 재난 리더십이 있다. 숨기지 않고 투명하게 공개하라는 대통령의 지시는, 투명하게 공개되니 매사 최선을 다해야 한다는 주문이기도 하다.

2020.03.22.

# 63일 차    고강도 사회적 거리두기 시작

✚ 현재 상황

COVID-19 REPORT

확진자 8,897명(+245)
사망자 104명(+10)
완치자 2,909명(+676)

보름간의 고강도 사회적 거리두기가 시작됐다. 정부는 종교, 체육, 유흥시설에 운영 중단을 강력히 권고했고 불가피할 경우 방역 지침을 지키도록 했다. 하루 확진자 수가 100명 내외로 떨어졌지만 방심할 경우 수도권 대유행이 발생할 수도 있기 때문이다. 4월 초로 예정된 개학을 위해서라도 감염 위험을 크게 낮춰야 했다. 정부는 사회적 거리두기가 성공할 경우 생활 방역 체계로 전환하겠다는 방침을 세웠다.

하지만 일부 교회는 예배를 강행했다. 구속된 전광훈 목사가 맡은 성북구 사랑제일교회가 앞장섰다. 사랑제일교회 인근 주민들은 수백 명의 신도들의 예배를 걱정했고, 이후 방역으로 불만이 쌓였다. 오늘 상황을 지켜본 서울시는 집회 금지 행정명령을 내렸다.

전문가들은 안심할 때가 아니라고 강조했다. 신천지를 중심으로 한 집단 발병 확진자가 대부분 확인되면서 신규 확진자 수가 줄고 있지만 착시현상이라는 것이다. 신천지와 대구·경북을 제외하면 다른 지역사회 유행국가와 동일한 패턴으로 환자들이 늘고 있다는 지적이었다.

실제로 소규모 집단감염은 계속 발생하고 있었다. 싱가포르의 경우는 사태 초반 완벽에 가깝게 방어했으나 개학을 허용한 뒤 확진자가 급증했다. 교육 책임자와 방역 당국의 고민도 깊어졌다. 안심은 금물이었다.

### 한국의 코로나19 사망률은 왜 그렇게 낮은가?
강력한 의료체계, 사전 준비, 공격적인 검사 그리고 행운

한국은 중국에 이어 두 번째로 많은 코로나19 확진자가 발생했지만, 주요 발생국가 중에서 사망률이 가장 낮다. WHO 발표에 따르면 전세계 코로나19의 사망률은 3~4%이지만 한국은 3월 9일 기준 사망률이 0.7%에 불과했다.
코로나 위기 속에서 인접국인 중국은 도시 전체를 차단했지만 한국은 자유주의적 방침을 고수했다. 대규모 확진자가 발생한 대구조차 고립되지 않았다. 이러한 성공사례는 다른 민주국가의 귀감이 됐다.

## 시스템 활성화

한국은 과거 사스와 메르스의 경험을 발판으로, 2019년 12월 코로나바이러스 대응 가상훈련을 실시했다. 그 결과 신종 코로나바이러스가 확산될 시점에 공무원들은 완벽히 준비되어 있었다.

전화 상담 서비스, 드라이브 스루 검사센터 및 열화상 카메라가 신속히 도입됐다. 이를 통해 2020년 3월 11일 현재 약 19만 건의 검사를 시행했으며 하루에 2만 건의 검사를 할 수 있었다. 처리 시간은 6~24시간이고 검사 비용은 매우 저렴했다. 효과적인 환자분류시스템을 가동하고 체계적인 자가격리를 시행했다.

## 젊은 연령대에 집중

12월의 코로나바이러스에 대한 훈련과 함께 한국은 또 다른 면에서 운이 좋았다. 대규모 확산이 일어난 종교집단 '신천지'가 선교 활동을 학생과 젊은이들에게 집중하였기 때문이다. 노인들의 사망률 또한 다른 나라들에 비해 낮은데 이는 조기 발견과 조기 치료 덕분일 것이다.

(출처: https://asiatimes.com/2020/03/why-are-koreas-covid-19-death-rates-so-low/)

# 65일 차    코로나 해외유입, 해법은 손목밴드?

**✦ 현재 상황**

확진자 9,037명(+140)
사망자 120명(+16)
완치자 3,507명(+598)

22일부터 유럽발 입국자 전원에 대한 진단검사가 시행되고 있었다. 감염자 국외유입은 꾸준히 늘어서 하루 확진자의 20% 내외를 차지했다. 국외유입 차단이 우선 과제로 떠올랐다.

처음에는 외국발 입국자들을 모두 진단검사하고, 검사 결과가 나올 때까지 기거하는 임시 생활 시설을 마련하는 방안을 검토했다. 하지만 공항 인근에서 늘어나는 입국자 수를 감당할 만한 임시 생활 시설을 찾는 것이 어려웠다. 유럽발 입국자만 하루 평균 1,400명 수준이었다. 결국 외국발 입국자 중 유증상자는 진단검사를 받게 하고, 증상이 없는 입국자는 일단 14일 자가격리를 하고 지역보건소의 선별진료소에서 진단검사를 받도록 했다.

처음에는 외국인 전원에게 진단검사를 실시했으나 의료자원의 효율성과 대응 인력의 피로도를 고려해 자가격리로 선회한 것이다. 유럽발 입국자보다 규모가 훨씬 큰 미국발 입국자에 대한 형평성도 고려해야 했다. 미국의 코로나19 확산 상황이 갈수록 심각해졌다. 앞으로 유럽 말고도 미국 등 모든 입국자에 대한 진단검사 전수조사 시설과 인력 임계점에 대한 사실 관계 파악이 절실했다. 국내 입국자 진단검사와 시설격리 등에 필요한 입국자의 자기부담 범위와 기준에 대한 판단도 해야 했다. 모든 것이 부담으로 작용할 수밖에 없다.

아무리 생각해도 전원 진단검사는 답이 아니었다. 무엇보다 몇 달째 허덕이는 의료인력이 남아나지 못할 것 같았다. 철저한 자가격리를 통해 감염원을 막는 방식이 현실적이었다. 홍콩이 도입했던 손목밴드가 떠올랐다. 홍콩 정부가 6만 개 이상의 손목밴드를 배포해 모든 입국자에 대한 실시간 위치추적을 시행한다는 보도가 있었다. 손목밴드를 훼손하거나 격리를 이탈하면, 징역 6개월 또는 5,000홍콩달러(한화 약 80만 원)의 벌금을 부과하는 철저한 관리를 하고 있다는 내용이었다.

저녁에 열린 실무당정협의에서 이 문제를 집중적으로 다뤘다. 하지만 쉽지 않았다.

법무부는 위치추적이 가능한 전자발찌의 수량이 500개 정도라고 했다. 추가 제작에 3개월이 소요되는 상황과 다른 목적으로 제작된 전자발찌를 강제로 착용시키는 데는 인권침해 우려가 있다는 입장을 밝혔다.

홍콩의 손목밴드에 발열을 체크할 수 있는 기능을 추가하여 '안심밴드'를 배포할 수 있는지 복지부와 협의했다. 손목밴드는 핸드폰과 연계해야 하고, 그마저도 당사자가 매일 충전해야 했다. 손목에서는 체온 체크의 정확성이 떨어지고 제작 단가가 지나치게 높아서 실현 가능한 대안이 될 수 없었다.

특별입국 절차를 통하는 모든 입국자는 자가진단 앱을 사용하도록 하고 있지만, 사용률이 40%에 그쳤다. 넘쳐나는 입국자와 그에 따른 자가격리 강화를 위한 대안이 필요했다. 행안부의 자가격리 앱은 위치 확인이 가능해, 행안부 중심으로 각 지자체별 자가격리 강화 방안이 검토되고 있었다.

결국 복지부의 '모바일 자가진단 앱'과 행안부의 '자가격리자 안전보호 앱'을 믿는 수밖에 없었다.

또 다른 신종 감염병이나 계절성 유행병을 감안한다면 손목밴드를 기술적으로 보완할 필요가 있다. 확진자의 건강도 챙기고 자가격리의 실효성도 담보할 수 있는 손목밴드를 기대해본다.

정부는 보름 뒤인 4월 11일 자가격리 지침을 위반한 사람에 한해 제한적으로 안심밴드(전자팔찌)를 착용하게 하기로 결정했다. 하지만 인권침해 우려는 여전했다. 당사자가 착용을 거부할 경우 강제할 법적 근거도 없어 실효성 문제도 제기됐다. 그야말로 고육지책이었다.

# 66일 차　의료기관 지원TF 팀장을 맡다

**✚ 현재 상황**　　　　　　　　　　　　　　　COVID-19 REPORT

확진자 9,137명(+100)
사망자 126명(+6)
완치자 3,730명(+223)

2015년 메르스를 경험하며 사람들이 학습한 것은 감염병이 퍼졌을 때 병원이 위험하다는 인식이었다. 병원 내 감염으로 많은 분이 돌아가시면서 병원은 안전하다는 믿음이 깨졌다. 당시 미국 CDC까지 찾아와 병원감염 사례를 연구할 정도였다. 메르스 이후 의료계는 감염병이 발생했을 때 의료기관이 어떻게 대응해야 하는지 경험으로 알게 됐다.

코로나19 사태가 계속되자 갑작스러운 환자 감소로 요양기관들은 재정적 어려움에 봉착했다. 물론 모든 업종이 그랬으나 지금과 같은 상황에서 의료기관이 문을 닫는 것은 심각한 문제였다. 치료제TF에 이어 의료기관 지원TF도 맡았다. 선거를 코앞에 둔 상황이라 다른 의원들의 도움을 요청하기가 면구스러웠다. 혼자라도 뛰어야 했다.

다음 날 아주대학교병원을 찾았다. 심사평가연구소장으로 가기 전까지 의과대학에서 7년간 학생들을 가르치며 대학병원의 현실을 알게 된 현장이었다. 아주대의료원장 등과 만나 현장의 상황을 청취했다. 중증 코로나19 환자를 진료하기 위해 병원의 한 층 전체를 비워서 교차 감염을 예방하는 운영 현황을 확인했다. 코로나 환자를 진료하기 위해 발열감지기 같은 의료기기를 추가로 구입하는 등 대응을 위한 지출은 늘었는데, 환자 감소로 병원의 누적 적자 규모가 커지고 있다고 우려하고 있었다. 치료를 마친 코로나 환자의 완치 판정을 위해 교차 감염 우려가 없는 별도의 CT가 필요하다는 의견도 제시했다. 현장에 답이 있었다.

정부는 트럼프 미국 대통령이 문재인 대통령에게 지원을 요청한 의료장비가 진단 시약이라고 밝혔다. 어제 문 대통령은 트럼프 대통령과의 통화에서 국내 여유분을 적극 지원하겠다고 약속했다. 쥐스탱 트뤼도 캐나다 총리도 문 대통령에게 양국 보건 당국 간 대화를 주선해달라고 요청했다.

## 코로나19, 감기환자 증가하는 가을 재유행하나?

## – 장기전에 대비해야 하는 이유

감염병 전문가들은 코로나19 장기전에 대비할 것을 조언한다.

오명돈 중앙임상위원장
"1918년 스페인 독감의 경우 봄의 1차 유행보다 그해 가을철에 다섯 배 더 큰 2차 유행이 온 것으로 유명하다."[*]

김우주 고려대 구로병원 감염내과 교수
"현재 우리나라 확진자의 감소 추세는 최근 좋은 날씨도 영향이 있을 것. … 9월, 10월이 되면 기온이 내려가고 바이러스 생존 기간도 길어진다."

대구·경북 지역과 같은 대규모 지역 확산은 2020년 5월 현재 나타나지 않지만, 지역사회 어딘가에서, 특히 취약집단이나 사각지대, 또는 진단·검사를 받지 않고 있는 집단에서 전파가 조용히 계속되고 있을지 모른다. 그러다 언젠가 대유행의 조건이 맞아 또 다른 유행 확산이 발생할 수 있다는 것이다.

---

[*] 《경향신문》, "중앙임상위 "올가을 2차 대유행 가능성…'장기전' 계획 미리 세워야""(2020.05.07)

방역당국은 중대본 브리핑(5월 5일)에서 코로나19가 재유행하더라도 폭발적 유행 추세를 보인 2월 말과 같은 양상을 보이지는 않을 거라고 전했다. '사회적 거리두기'를 비롯한 지속적인 방역 관리가 효과적으로 작용함에 따른 것이다.<sup>*</sup>

정부의 브리핑에 따르면 2차 유행과 장기화 상황에 대비하고 있다 (2020.05.04. 중대본).

- '호흡기 전담클리닉'을 약 1,000개 설치해 운영. 초기 호흡기·발열 환자에 대한 체계적인 진료시스템을 확립해 진료 공백을 메운다는 계획.
- 2만 5,000건 이상 검사할 수 있는 진단키트 확보.
- 국민용 마스크 약 1억 장 비축 계획.

코로나19의 특성상 치료제와 백신이 개발되어야 완전한 종식이 가능할 것이다. 그 전까지 재유행의 위험성은 언제나 도사리고 있다. 치료제와 백신이 나오기 전까지 의료체계가 감당 가능한 수준에서 코로나19를 통제하는 것이 필요하다.

---

<sup>*</sup> 《뉴시스》, "박능후 "재유행시 의료공백 위험…수도권부터 병상 공동대응"" (2020.05.07)

# 67일 차    21대 총선, 치를 수 있을까?

**✚ 현재 상황**

확진자 9,241명(+104)
사망자 131명(+5)
완치자 4,144명(+414)

중앙선관위가 이탈리아 등 17개국의 재외선거사무를 다음 달 6일까지 중지한다고 밝혔다. 사실상 재외국민투표가 불가능해졌다. 선관위는 이들 국가에서 전 국민 자가격리, 전면 통행금지가 시행되고 있다며 불가피성을 설명했다.

이미 세계 각국에서는 선거 일정이 중단되거나 무기한 연기되고 있었다. 프랑스는 22일 예정됐던 지방선거 결선투표를 무기한 연기했다. 영국은 5월 7일 잉글랜드 지방선거를 1년 연기했고, 11월 대선을 앞둔 미국에서도 주별 경선 일정이 속속 취소됐다. 이란은 2월 총선을 치렀다가 선거 직후 사망자가 폭증했다.

투표소라는 한정된 공간에 불특정 다수가 일시에 몰리는 투표의 특성상 자칫 4·15 총선이 코로나19 확산의 기폭제가 될 수 있었다. 선거를 잘 치르는 것이 중요해졌다. 선거를 연기하지 않고 예정된 날짜에 진행할 수 있을지 그 자체가 논란이 됐다.

한편 선거를 앞둔 대구에서도 논란이 있었다. 야당 소속인 대구시장이 코로나19 긴급생계자금을 총선 이후에 지급하겠다고 밝힌 것이다. 당장 생계가 어렵다는 시민들과 시민단체의 반발, 여당의 압박 끝에 대구시는 지급 시기를 총선 전으로 앞당겼다. 오늘부터 21대 국회의원 후보 등록이 시작됐다. 총선 시계가 여기저기서 제각각 돌아가고 있었다. 나 역시 선대위 대변인 브리핑을 통해 작은 노력을 더했다.

"국민의 삶이 가장 큰 걱정입니다. 기댈 곳 없는 서민과 흔들리는 중산층, 무너지는 모든 국민의 삶을 지켜내는 것이 더불어민주당의 최우선 사명임을 253명 모든 후보가 뼈에 새기고 있습니다.

21대 국회는 민생을 회복하는 국회로 만들어야 합니다. 진영 다툼과 집단의 이익을 넘어 코로나19 국난을 함께 극복하고, 코로나19로 무너진 민생을 챙기는 국회가 되어야 합니다. 이번 총선은 국민을 지키는 선거가 되어야 합니다.

더불어민주당은 코로나19 국난 극복에 집중하는 선거를 치를 것입니다. 국민과 괴리된 정치논리로 국민 분열을 유발하는 행태와는 단호히 싸울 것이며, 국민의 고통에 공감하고 그 생활의 무게를 함께 짊어지면서 반드시 어려움을 극복하는 총선으로 치르겠습니다. 국민을 지킵니다. 더불어민주당."

# 70일 차    당정청, 긴급재난지원금 지급 결정

**✛ 현재 상황**

확진자 9,583명(+342)
사망자 152명(+21)
완치자 5,033명(+889)

격론이 오갔다고 들었다. 일요일 저녁 6시 총리공관에서 열린 3시간 가까운 회의 끝에 당·정·청은 소득 하위 70% 가구에 100만 원(4인 가구 기준)의 재난지원금을 지급하는 것으로 결론을 내렸다. 경제부총리는 끝까지 반대하며 속기록에 남기겠다는 발언을 한 것으로 알려졌다.

당초 기재부는 50%를 제시하면서 70%까지는 차등 지급하자고 주장했다. 하지만 여당은 80%에 지원금 균등 지급을 주장했고, 결국 청와대가 민주당 의견에 동조하면서 최종안이 도출됐다고 알려졌다. 재정건전성을 주장하는 기재부와, 나라 살림 걱정하다가 국민들이 죽는다는 여당의 입장이 강하게 충돌한 자리였다. 다음 날 경제부총리는 긴급재난지원금이 9조 1,000억 수준이 될 것이며 최대한 기존 사업 세출 조정으로 충당하겠다고 발표했다.

미래통합당은 총선을 앞둔 매표 행위라며 강하게 반발했다. 하지만 미래통합당 당대표가 40조 원 규모의 국채를 발행해 재원을 마련하자고 제안한 바가 있었다. 총괄 선대위원장은 더 나아가 지원 규모를 100조 원으로 대폭 늘리자고 주장했다. 당 안에서조차 목소리가 제각각이었다. 고민도 깊이도 일관성도 없었다.

# 71일 차    도쿄 올림픽 1년 연기

## ✚ 현재 상황

확진자 9,661명(+78)
사망자 158명(+6)
완치자 5,228명(+195)

도쿄 올림픽이 1년 연기됐다. 모리 요시로 조직위원장은 2021년 7월 23일 올림픽을 개최하기로 국제올림픽위원회와 합의했다고 밝혔다.

일본의 코로나19 증가 추이는 상식적이지 않았다. 전 세계적으로 팬데믹이 선언되는 와중에서도 일본은 평온하기 그지없었다. 진단검사를 적게 해서 확진자 숫자가 적은 것뿐이라는 해석이 나왔다. 그러다가 아베 신조 총리가 올림픽 1년 연기를 추진한다는 보도가 나온 후 환자가 폭증했다. 감염경로를 알 수 없는 확진자가 잇따랐다. "올림픽이 연기된 시점에 감염자 증가라니 의문"이라는 의견이 일본 인터넷에 올라왔다. 철저한 진단검사로 확진자 그룹을 빨리 격리시킨 우리나라와 대비됐다.

민주당 비상경제대책본부 당정회의에 참석했다. 2주간 자가격리에서 해제된 보건복지부 건강보험정책국장의 얼굴이 반가웠다. 기재부, 복지부 등과 함께 의료기관이 실제로 필요로 하는 지원책에 대해 논의했다. 의료기관마다 상황이 달라 시설, 장비, 물품 등 개별 수요를 파악하는 것이 중요하다. 손실보상과 융자지원 방안 등도 함께 고민했다.

사흘 뒤에 구체적인 의료기관 지원 패키지가 나왔다. 의료기관 건강보험 선지급, 선별진료소 예산 지원 등이 담겼다. 부족한 내용이었지만 신속성이 더 중요했다. 건강보험 선지급 금액 현실화, 메디컬론 사용 의료기관 구제 방안, 약국의 건강보험 선지급 추진 등을 더 논의해야 했다.

추가로 검토가 필요한 의제는 확진자 동선 공개로 인해 자발적으로 문을 닫은 의료기관이다. 사실상 폐쇄 명령을 받은 것이나 다름없기에 어떤 보상책이 가능할지 고민이다. 타 업종과의 형평성 문제, 병원 감염을 막아야 하는 방역의 문제 등 다차원의 과제를 어떻게 해결해야 할지 연구가 더 필요하다.

# 72일 차    오늘은 정말 뿌듯했습니다

✚ 현재 상황                                  COVID-19 REPORT

확진자 9,786명(+125)
사망자 162명(+4)
완치자 5,408명(+180)

코로나19 연구용 데이터의 국제 공유 플랫폼이 지난 27일부터 운영됐다. 심평원의 빅데이터 정보시스템에 기반한 것이었다. 심평원 연구소장으로 재직할 때부터 고민하고 추진하던 일이다. 복지부의 박정환 사무관과 심평원의 노연숙 부장이 끈기와 열정으로 추진한 결과다.

오늘 복지부 데이터·AI팀과 심평원 빅데이터 연구부에서 의원실을 방문했다. 미국 하버드 의대, 영국 옥스퍼드대학교 등 세계 유수의 대학들과 연구진이 양질의 데이터를 얻기 위해 플랫폼을 방문한다고 했다. 사뭇 자랑스러웠다. 국내외 연구진들이 코로나19 관련 연구 프로젝트를 신청 후 분석 코드를 제출하면, 심평원 연구진들이 내부 폐쇄망에 구축한 데이터에 이를 실행한 후 통계 결과값을 제공해주는 방식으로 진행한다.

데이터 열람 없이 코드와 분석값만을 교류하는 방식으로, 감염병과 같은 민감정보를 보호할 수 있다.

심평원의 코로나19 관련 빅데이터를 제공받아 연구한 국내외 연구자는 계약에 따라 연구 결과를 대한민국 정부에 먼저 제공하게 된다. 코로나19 진료데이터와 환자의 기저질환이 포함된 건강보험 빅데이터를 융합하여 전 세계 연구자들이 코로나19를 분석할 수 있도록, 보건복지부와 심평원이 데이터 플랫폼 기반을 만든 것이다. 국익을 위해서도 더할 나위 없는 일이라고 감사를 아끼지 않았다. 이 플랫폼이 코로나19 종식의 새 지평을 열어주었으면 하는 바람이 크다.

앞으로가 더 중요하다. 국내 코로나19와 관련해서 검사부터 치료까지 모든 과정의 다양한 데이터를 축적해야 한다. 빅데이터의 꾸준한 업데이트도 필요하다. 정보를 가공하고 공유할 수 있는 전문 인력 양성도 중요하다. 그리고 데이터를 연계하고 융합할 수 있는 클라우드 기반의 분석 환경 확대와 같은 기반이 만들어진다면 코로나19를 비롯해 의료 빅데이터 강국의 기반이 마련되고, 이를 근거로 전 세계와 네트워킹 하는 플랫폼 완성도 가능할 것이다.

한편 교육부는 4월 16일부터 초·중·고에서 온라인 개학을 하겠다고 밝혔다.

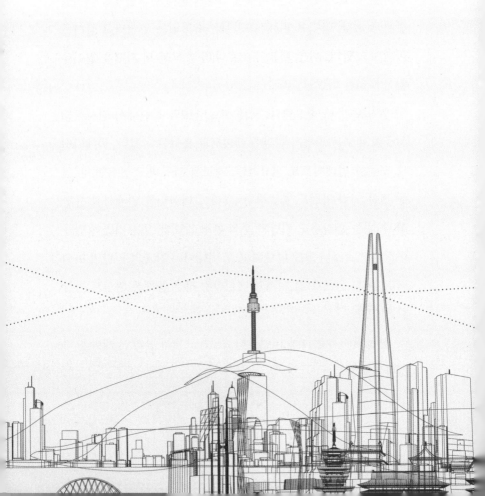

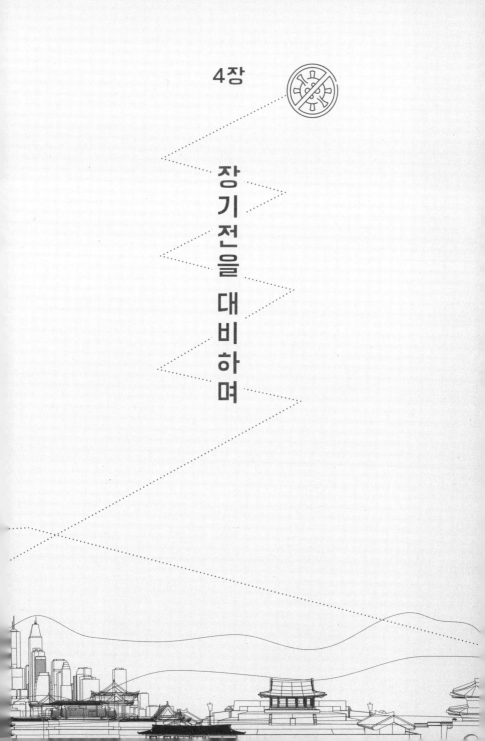

4장

장기전을 대비하며

# 73일 차 자가격리 위반자 엄정 대응

**✚ 현재 상황**

확진자 9,887명(+101)
사망자 165명(+3)
완치자 5,567명(+159)

검찰이 자가격리 조치 위반자에게 엄정 대응하겠다고 밝혔다. 대검찰청은 해외 입국자가 계속적 또는 의도적으로 격리 조치에 불응하면 구속 수사하겠다고 밝혔다. 약식기소도 하지 않겠다고 선언했다.

검찰이 이런 발표를 한 배경에는 계속되는 해외 입국자의 탈출(?)이 있었다. 어느 미국 유학생은 코로나 증상이 있음에도 어머니와 제주도를 다녀왔고 확진 판정을 받았다. 그 모녀 덕분에 섬 전체가 홍역을 치러야 했던 제주도는 손해배상 소송을 제기했다. 베트남 유학생 3명은 자가격리를 위반했다가 범칙금을 통고받고 추방됐다. 사우나로 무단외출을 나갔던 60대 남성은 구속영장이 청구됐다.

원희룡 제주도지사는 "의료진의 사투와 담당자들의 노력, 국민의 사회적 거리두기 참여 속에서 이러한 무임승차 얌체 짓은 없어져야 한다. 소송을 통해 강력한 경종을 울리고자 한다"라고 밝혔다. 다수가 공감했다.

오늘 '재난 및 안전관리 기본법' 개정안을 발의했다. 코로나19와 같은 감염병의 경우 보건복지부가 컨트롤 타워를 맡도록 하는 내용이다. 현행법은 원칙적으로 재난이 발생하면 행정안전부가 컨트롤 타워를 맡도록 되어 있다. 이번 코로나19 국면에서는 다행히 복지부와 질본을 중심으로 중대본이 구성되었으나, 메르스 사태 때는 행안부와 복지부가 개별적으로 브리핑하는 등 혼선이 있었다. 선거기간이라 공동발의를 위한 물리적인 어려움이 있었다. 박지현 비서관이 선거 캠프까지 찾아가 도장을 받느라 고생했다. 4개월 임기의 국회의원과 함께 법률안 발의, 국회특위 및 당 특위 활동, 대변인 활동 등을 보좌하며 동분서주한 보좌진들에게 미안함과 고마움을 느꼈지만, 감사를 전할 시간조차 넉넉하지 않았다.

# 77일 차     사회적 거리두기 2주 연장

✦ 현재 상황

확진자 10,237명(+350)
사망자 183명(+18)
완치자 6,463명(+896)

    고강도 사회적 거리두기가 2주 연장됐다. 당초 정부는 내일부터 생활방역 체계로 이행하기로 했다가 시기상조라는 판단을 내렸다. 구체적인 목표치도 제시했다. 하루 평균 신규 확진자를 50명 이하로 줄이고 감염 경로를 알 수 없는 사례도 5% 이하로 유지한다는 것이었다. 이 정도 감염이면 의료체계가 감당할 수 있다는 판단이었다. 생활방역 전환은 2주 후 다시 검토하기로 했다.

    문제는 국민들이 지쳐간다는 것이다. 집 안에만 있는 것이 견디기 어려운 어린이들과 부모들, 젊음을 즐기고 싶은 청년들은 점점 밖으로 나왔다. 대신 마스크 착용은 필수 예절이 됐다. 마스크를 착용하지 않는 것이 바지를 안 입고 나오는 것보다 더 무례한 행동이라고 생각될 정도였다. 그러나 클럽은 예외였다. 밤마다 성행하는 클럽은 심각한 우려를 자아냈다.

귀국 전에 다량의 해열제를 먹고 공항 검역을 통과한 유학생이 확진 판정을 받은 사례도 나왔다. 방역에 구멍을 뚫는, 잘못되고 이기적인 행동이라는 지탄이 이어졌고 방역 당국은 엄중 처벌 방침을 밝혔다. 의도가 있는 행동이었는지 확인할 길은 없지만, 방역망을 뚫고 공중보건에 위협을 주는 왜곡된 행태는 다수의 국민을 위험에 빠뜨리는 엄청난 결과를 초래할 수 있다는 위기 인식을 분명히 가져야 한다.

코로나19 바이러스는 또 다른 특징으로 보건당국을 긴장시켰다. 완치 판정을 받은 일부 환자들이 재확진 판정을 받는 일이 발생했다. 13일에는 무려 116명의 사례가 쌓였다. 재발인지 재감염인지 알 수 없었다. 감염력이 얼마인지도 알 수 없었다. 당국은 재활성화 가능성에 무게를 뒀고 WHO는 주의 깊게 상황을 주시했다. 재활성화가 사실이라면 방역 전략을 새롭게 다시 짜야 할 상황이었다. 알면 알수록 지능적인 코로나19와의 싸움에서 열세라는 두려움이 엄습했고, 기선을 제압할 엄두조차 내지 못했다.

중앙임상위는 4월 29일 죽은 바이러스의 RNA가 검출된 것 같다는 분석 결과를 발표했다. 맞기를 바란다.

# 78일 차  긴급재난지원금 2라운드

**✦ 현재 상황**

확진자 10,284명(+47)
사망자 186명(+3)
완치자 6,598명(+135)

　민주당이 모든 가구에 긴급재난지원금을 지급하는 방안을 추진하기로 했다. 이해찬 대표는 "복지정책과 달리 긴급재난대책에서는 지역·소득·계층과 관계없이 모든 국민을 국가가 보호하고 있다는 것을 제대로 보여주는 것이 중요하다"라고 말했다. 재원은 기존 9조에서 4조가 늘어난 13조 원 규모로 예상됐다.

　개인적으로도 당의 판단이 합리적인 결정이었다고 믿는다. 기재부 주장대로 70%만 주려면 나머지 30%를 선별해야 하는데 현실적으로 쉽지 않은 일이다. 선별 작업에 몇 달이 소요되는지 가늠하기 어려운 데다가, 우선 '긴급'의 취지가 퇴색된다. 선별 과정의 분열과 혼란은 더 감당하기 어려울 것이다. 어떤 기준으로 어떤 세대는 포함되고 제외되는지 설명하기 어려울 뿐 아니라, 그 과정의 분열은 코로나보다 더 무서운 질병으로 우리 사회를 혼란에 빠뜨릴 수 있다. 같이 못 받는 것보다 잘못된 기준으로 다른 대접을 받는다는 것이 더 견디기 어려울 수 있다.

선별에 따른 행정 비용도 만만치 않다. 큰 비용을 들여 오랜 시간 후에 지급되는 '긴급재난지원금'이 국민들에게 무슨 의미가 있을까? 모두 무너진 뒤에 4인 가구에게 지급되는 100만 원의 가치는 무엇인가? 재정을 걱정하는 관료의 논리는 존중되어야 하지만 정치가 수용할 수 있는 합리성은 아니었다. 국가재정의 원천이 국민이기 때문이다.

오후에 김대업 대한약사회장으로부터 전화를 받았다. 마스크 5부제로 고생하는 약사님들께 그 미안함과 고마움을 말로 전달하는 것은 한계가 있다. 마스크 대란이 났던 시기, 마스크를 기다리던 국민들의 피로와 불편을 다 받아내야 했던 약국이었다. 구매 행렬 정리부터 신분증 확인, 마스크 판매까지 사실상 그동안 약국은 국민의 민원 창구가 되었고 약사들은 감정노동자가 됐다.

약국도 당연히 의료기관 지원 패키지에 포함되어야 했다. 다음 날 약국의 건강보험금 선지급이 결정됐다.

### 스웨덴 집단 면역, 코로나19에 적용할 수 있을까?

'집단 면역'은 백신 혹은 감염으로 집단의 일정 비율 이상 구성원이 면역력을 갖게 되면 집단 전체가 저항성을 확보할 수 있게 된다는 개념이다. 백신이 개발되지 않는 상황에서 구성원의 면역력을 높여 감염병

극복을 하겠다는 시도 중 하나다.

스웨덴 보건 전문가들은 신념을 가지고 코로나19 상황에서 집단 면역 전략을 택했다.[*] 대부분의 국가가 봉쇄와 사회적 거리두기를 시행하는 것과는 사뭇 달랐다. 재택근무, 고령자 자가격리, 50명이 넘는 대규모 모임 금지 등의 최소한의 조치는 시행했지만 학교나 식당, 운동장 등에 사람들이 운집하는 것을 제한하지 않았다.[**]

하지만 스웨덴은 확진자가 급증하며 정책 전환을 고려하고 있다. 스웨덴의 코로나19 누적 확진자는 5월 7일 기준 2만 3,918명이고, 사망자는 2,941명에 달한다(worldometers 발표). 인구 100만 명당 사망자 수를 비교하면 주변 북유럽 국가의 7배에 달하는 수준이다.[***]

네덜란드의 혈청역학 연구에 따르면, 코로나19의 항체 형성률은 확진자 전체의 2~3% 정도밖에 되지 않는다. 이처럼 항체 형성률이 극히 낮아 코로나19는 집단면역 전략이 통하지 않을 것이라는 전망이 많다.[****] 스웨덴의 사례에서 보듯, 증명되지 않은 감염병 상황에서 방역당국의 정책 결정은 국민의 생명과 직결된다.

[*]  《서울경제》, "스웨덴의 '집단면역 60%' 실험, 코로나방패 될까"(2020.04.04.)
[**]  《조선일보》, "기로에 선 스웨덴의 '집단면역' 실험... '코로나의 기적' 가능할까?"(2020.05.06.)
[***]  《경향신문》, "'집단면역' 스웨덴, 누적 사망자 3,000명 육박… 충격적으로 많은 숫자"(2020.05.07.)
[****]  《뉴시스》, "항체 형성률 3%에 형성 후 바이러스 검출도 '멋대로'… 예측 불가 코로나19"(2020.04.23.)

# 80일 차    우한, 76일 만에 봉쇄해제

**✚ 현재 상황**                                   COVID-19 REPORT

확진자 10,384명(+100)
사망자 200명(+14)
완치자 6,776명(+178)

　　오늘 0시를 기해 우한에 대한 봉쇄조치가 해제됐다. 1월 23일 세상과 단절된 지 76일 만의 일이다. 우한은 코로나19의 최초 발원지였기에 해제의 의미가 크다.

　　전문가들은 코로나19 바이러스 변이가 빠르면 1년, 적어도 2년 내에 올 것으로 예측한다. 그때까지 전 세계가 충분한 대응책을 마련할 수 있었으면 좋겠다. 효과적인 치료제와 안전한 백신의 개발이 이뤄지길 기대한다. 다시는 이런 감염병 사태가 일어나지 않기를 기대한다. 우한 봉쇄해제가 모두에게 좋은 징조가 되기를….

# 82일 차 코로나19는 산재?

코로나19가 산재로 인정받았다. 근로복지공단은 구로구 콜센터 직원의 주장을 받아들여 코로나19를 업무상 질병인 산업재해로 인정했다고 오늘 밝혔다.

서울 업무상질병판정위원회는 밀집된 공간에서 일하는 업무 특성상 비말 등 감염 위험에 반복해서 노출됐다는 점을 고려했다고 밝혔다. 산재를 인정받은 직원은 휴업급여를 받게 됐다.

메르스 때는 국가가 환자에게 1,000만 원을 배상한 판례도 있다. 법원은 당국의 부실대응 때문에 감염됐다면서 손해배상 책임을 인정했다. 물론 인과관계가 충분히 입증됐던 사례다.

21대 국회의원 선거의 사전투표 첫날이라 천안, 대전, 옥천, 논산, 부여 등 충청 지역 일대를 다니며 선거유세를 지원했다. 코로나19를 극복해달라는 민심이 뜨거웠다. 피곤하지만 힘이 났다.

# 85일 차 선거 이틀 전 가짜뉴스

✚ **현재 상황**

COVID-19 REPORT

확진자 10,537명(+87)
사망자 217명(+9)
완치자 7,447명(+330)

황당한 내용이었다. 총선이 다가오자 정부가 신규 확진자 수를 줄이려고 일부러 코로나19 진단검사를 축소했다는 주장이 나왔다. 일고의 가치도 없었으나 파급력이 있었다. 유력 신문에 나왔기 때문이다.

그 신문은 인천 종합병원 의사의 SNS를 논거로 삼았다. 하지만 방역 당국은 하나하나 반박했다. 복지부 차관은 "이미 이틀 전에 전혀 사실이 아님을 충분히 설명드렸다"라고 강조했다. 더불어 "방역은 객관적 근거에 입각한 과학 행정의 영역"이며 "객관적이고 과학적인 태도를 견지해 보도해주실 것을 거듭 요청드린다"라고 덧붙였다.

보수야당도 마지막 총공세에 나섰다. 야당 대표는 11일 유세에서 "정부가 자기들의 목적을 위해 무슨 짓을 할지도 모릅니다.

테러를 할지 모릅니다. 이미 한 거 보시지 않았습니까"라며 거짓과 마타도어가 혼합된 선동을 펼쳤다. 부천의 모 후보는 세월호 유가족에 대해 차마 입에 올릴 수 없는 저급한 막말을 했다.

그런 모습들을 보며 도저히 져서는 안 된다고 생각했다. 더불어민주당이 부족하고 국민들께 실망을 드린 적이 많지만, 그래도 미래통합당에게 국회를 넘겨줄 수는 없었다.

나는 4개월 임기의 20대 국회 마지막 비례대표였다. 비록 후보자는 아니지만 오후에 출연한 연합뉴스TV에서 절로 절실해졌다. 국민들께 싸우는 사람이 아닌 일할 사람을 뽑아달라고 절실히 호소했다. 일하는 국회, 국민의 삶의 질을 높이는 국회를 만들겠다고 약속드렸다. 진심이었다.

"코로나19 팬데믹 중에 무엇이 가능한지, 한국이 다시 한 번 입증하려 한다."
– BBC 방송

"한국은 현 사태에서 어떻게 선거를 치러야 하는지 보여주는 하나의 모델이 될 것으로 보인다."
– 이탈리아 일간지 《라스탐파》

# 87일 차 선거일

**✚ 현재 상황** COVID-19 REPORT

확진자 10,591명(+54)
사망자 225명(+8)
완치자 7,616명 (+169)

선거일 아침이 밝았다. 근 석 달 만에 한가했다. 아침에 잠깐 라디오 인터뷰를 했을 뿐이다. 가족들과 함께 가벼운 브런치를 먹었고 뉴스도 봤다. 역대 최고 투표율이라는 자막이 눈에 띄었다.

오후에 의원회관으로 출근했다. 사무실 책상에 앉아 며칠 전 못다 본 자료들을 살펴봤다. 일이 자꾸 눈에 띄었다. 습관적으로 보좌진을 부르려다 빨간 날이라는 사실을 떠올렸다.

어떤 기자가 전화를 걸어 인터뷰를 하자고 했다. 종합상황실에서 잠깐 가능하다고 답했다. 시간은 어느덧 6시가 가까워졌다.

종합상황실이 차려진 의원회관 대회의실은 이미 만석이었다. 무대 앞에 놓여진 TV는 6시 15분, 카운트 다운을 향했다. 자가격리자 투표 때문에 출구조사 결과가 15분 늦어졌다.

사회자가 환호성을 자제하자고 했지만 사람들은 무음이 될 수 없었다. 180석이었다.

---

**88일 이후**

1. 공공의료인력 확대

절실한 일이다. 공공의료인력 확대가 필요하다. 국회에서 공공의대 설립을 추진하고 있지만, 법안이 통과된다 해도 실제 인력 배출까지는 상당한 기간이 필요하다. 한국보건사회연구원의 '보건의료인력 중·장기 수급추계 연구'에 따르면 2030년에는 7,600여 명의 의사가 부족할 것으로 전망한다. 코로나19 현장에서 의사들의 역할은 무엇보다 중요하며, 공공의료 영역에서는 그 중요성이 더욱 커진다. 공공의대 설립 등을 통한 의료인력 확대는 시급히 추진되어야 한다. 추가로 기존의 의과대학 정원 확대 방안 등 공공의료인력 양성의 다각화 방안도 필요하다.

취약지 공공의료를 담당할 수 있는 의료인력 양성과 함께, 감염관리 강화를 위한 감염병 전문의, 중증외상환자를 진료할 수 있는 외상 전문의 양성 등 공공성이 요구되는 의료 분야의 인력 부족 현상을 해결하기 위해서는 입체적이고 다각화된 정책 접근이 이뤄져야 한다.

공공의료 확대에 대한 논의는 그 자체로도 중요하다. 그런데 우선적으로 현재 국내 공공의료에 대한 체계적이고 안정적인 투자와 지원이 병행되어야 한다. 의과대학을 졸업하고 공공의료를 선택하는 의료인들에게 사명감만을 강요해서는 안 된다. 공공의료의 미래가 밝고 자부심과 성취감을 가질 수 있다면 더 유능하고 적극적이고 사명감을 가진 의료인이 공공의료 영역을 선택할 수 있기 때문이다.

## 2. 4차 중앙감염병 전문병원

병원들도 병원이 필요하다. 특히 상급종합병원에 병원 감염이 발생할 경우 다른 응급환자의 생명까지 위험하다. 3차 병원 수준의 의료인프라를 갖춘 감염병 전담 전문병원이 필요하다. 평상시 환자를 진료하는 것만으로는 유지되기 어려운 감염병 분야는, 민간의료기관에서 관련된 전문성을 유지하기 어렵다. 국가가 운영하는 중앙감염병 전문병원과 권역별 감염병전문병원이 연계하여 지역과 중앙에서 적절한 역할 분담을 통해 국가적 감염병 대응시스템을 구축해야 한다.

중앙감염병 전문병원은 진료와 연구 및 교육과 국제교류 등의 역할을 상시적으로 수행하다가 감염병 위기가 발생하면 환자 규모를 확대해 진료 가능한 체계로 전환 돼야 한다. 감염병 위기 시에도 투석환자 등이 안심하고 진료받을 수 있는 감염병 전문 의료기관 시스템이 신속하게 구축되어야 한다. 대학병원에서 감당하기 어려운 감염병 위급환자를 치료할 수 있는 4차 병원으로서의 감염병 전문병원 설립을 기대해본다.

### 3. 공무원 욕하지 말자

정은경 질병관리본부장이 안쓰럽다는 이야기를 많이 한다. 2015년에 그 이야기가 먼저 나왔으면 좋을 뻔했다. 메르스가 끝나고 감사원이 질본을 털었다. 감염병 대응 과정의 불확실한 정책 선택들로 많은 공무원들이 감사원 징계를 받았다. 감사원 감사 이후 질본을 떠난 감염병 전문가도 있다. 이제는 그러지 않았으면 좋겠다. 감염병 대응을 위해 현장에서 활동한 공무원 등의 적극 행정은 반드시 면책해야 한다. 현재 복지부는 중앙부처 공무원 400여 명이 코로나19 대응 현장에서 근무하고 있다.

또한, 정무직 공무원 이외에 대부분 공무원들이 현재의 업무와 함께 감염병 대응에 우선적으로 투입되고 있다. 복수로 맡고 있는 업무에 전념할 수 없는 상황에 놓여있는 공무원들의 피치 못할 지연행정에 대해서도 감사원의 감사 면제 등 유연한 대응이 필요하다.

질본의 전문가들도 현장에서 역학과 분석을 통해 새로운 감염병을 알아가는 과정에 있는 것은 마찬가지다. 감염병이라는 재난에 대응하는 데 따르는 불확실성을 이해하고, 감염병 대응 종료 이후 적절한 평가가 반드시 이뤄져야 한다.

## 4. 돈 좀 쓰자

메르스 때도 반성을 많이 했다. 대안도 많이 나왔다. 하지만 실현된 것은 손에 꼽힌다. 우리가 정말로 전 세계에서 으뜸가는 방역 선진국이 되려면 후속조치가 필요하다. 그러려면? 돈을 써야 한다.

질본의 연구관은 명실상부 감염병 대응의 최전선에 있다. 대다수가 MD(의학박사)다. 그들이 국가로부터 받는 연봉은 4,000만 원 수준이다. 그런데 공무원을 퇴직하고 월급 받는 의사로 일하면 못해도 연봉 1억 원은 벌 수 있다. 연봉 수준만 고려하면 질본에 남아 있을 이유가 없는 것이다. 궁여지책으로 활용된 것이 공중보건의다. 그런데 의무 복무기간이 끝나면 사회로 나갈 사람들로 구성되어 있는 조직에 방역 전문성을 기대한다? '양심리스'라는 요새 말만 떠오른다. 공적 소명으로 질본을 지키는 연구관들에게 언제까지 사명감만을 강요하겠는가.

제발 돈 좀 쓰자. 코로나19 대응 과정에서 꼭 필요하다고 확인된 감염병연구소, 질병관리청 신설, 치료제나 백신 개발에 장기적으로 국가 예산을 투자하고 리스크를 공유하는 일, 현장 의료인을 보호하기 위한 마스크나 장비 등을 통합적으로 관리·운영하는 시스템 구축, 장기적인 감염병 위기에 대응하는 의료자원 비축 전략 등 과제를 정리하고 투자·확립해서 코로나19와 같은 감염병이 재발했을 때, 국민의 생명과 안전을 튼튼하게 지킬 수 있도록 해야 한다.

## 5. 해석을 잘하자

가짜뉴스가 100% 가짜인 경우는 흔치 않다. 대개는 사실과 사실을 엇갈리게 연결하거나, 사실을 비틀어 해석하는 경우가 많다. 속지 않으려면 해석을 잘해야 한다. 고름이 나는 것은 아프다는 뜻이지만 백혈구가 싸우고 있다는 뜻이기도 하다. 신천지 사태로 확진자가 급증한 것은 진단검사를 통해 일반인과 확진자 그룹을 신속히 분리시켰다는 뜻이기도 했다. 그렇다면 6차 감염, 7차 감염 등 소위 n차 감염의 뜻은?

이태원 클럽에 간 인천 학원 강사와 서울 모 곱창집 방문자 가족 간의 연계 고리를 방역당국이 찾아낸다는 뜻이다. 클럽에서 학원 강사로, 그의 제자로, 제자가 탔던 택시로, 택시기사가 간 돌잔치로, 돌잔치 참석자가 들른 식당과 또 다른 식당을 거쳐 가족까지 루트를 파악하는 것은 말처럼 쉬운 일이 아니다.

n차 감염이 심각하지 않다는 말이 아니다. 언론의 경쟁적 보

도 속에서 과연 무엇을 보아야 하는지 되새겨보자는 말이다. 해외에서는 n차 감염이라는 단어가 아예 존재하지 않는다. n차 감염을 확인해낼 수 있는 우리의 방역 역량에 대해 국제적인 평가가 이어지고 있지만, 정작 n차 감염을 확인하고 있는 방역당국 역학전문가들의 수고와 노력은 적절하게 대접받고 있는지 다시 한 번 새겨봐야 할 일이다.

6. 사상 최고의 투표율을 보인 이번 21대 국회의원 선거 과정에서 코로나19에 감염된 사람은 단 한 명도 없었다. 특히 선관위는 자가격리자의 투표용지를 보호장비 착용 요원에게 전담시켰고, 혹시 모를 오염까지 감안해 바이러스가 자연 사멸한 3일 후에 중앙선관위로 옮겼다. 말 그대로 초긴장 상태였다.

하지만 감염율 제로를 만든 것은 근본적으로 방역 수칙을 철저하게 준수한 국민들이다. 국민들이 정말 존경스럽다. 진심으로 감사드린다.

_____
**나가며**

　5월 29일. 국회의원 임기를 하루 남기고 오송을 찾았습니다. 정은경 질병관리본부장, 권준욱 국립보건연구원장과 점심 겸 회의를 하기로 약속한 날입니다. 코로나19로 고생하는 두 분과 따뜻한 밥이라도 함께하고 싶다는 생각이었습니다. 하지만 당일 급작스레 잡힌 총리실 긴급회의 때문에 권 원장님은 끝내 나오지 못했습니다. 정 본부장과 함께 오랜만에 점심을 먹으며 많은 이야기를 나눴습니다.

　참 오랜만에 만나는 반가운 얼굴입니다. 하루가 다르게 수척해지던 TV 속 모습을 실물로 확인하니 안쓰럽기도 합니다. 자리에 앉기가 무섭게 코로나19로 시작한 이야기는 2시간이 넘도록 이어졌습니다. 4개월의 짧은 임기였지만 제가 발의한 법안도 이야기했습니다. 현행법상으로는 보건복지부와 질병관리본부는 감염병 대응의 컨트롤타워가 아닙니다. 이를 바꾸는 재난관리기본법 개정안을 냈는데 아쉽게도 임기만료로 폐기됐습니다. 새로운 국회에서는 통과됐으면 좋겠다는 제 말에 정 본부장은 그런 법이 발의됐는지도 몰랐다고 답했습니다. 음… 제 탓이겠지요?

편한 대화도 많이 나눴습니다. 과거 질병관리본부가 서울 은평구에 있을 때는 당직실 구석에서 잠시 눈을 붙이고, 회사 화장실에서 머리를 감았다고 정 본부장은 회상했습니다. 그때와 비교하면 지금은 관사에서 편히 잘 수 있고 머리도 잘 말릴 수 있어 좋다는 말도 들었습니다. 그 말에 따라 웃었지만 한편으로는 씁쓸했습니다. 일선에서 밤을 지새우는 현장 인력들은 이보다 좋은 처우를 받아야 합니다.

저는 미국, 영국, 프랑스 등에서 감염자와 사망자가 많이 나오는 원인 중 하나가 주거 문화가 아닐까 조심스럽게 추론합니다. 유럽은 집 안에 카펫을 까는 문화입니다. 외부에서 오염된 신발을 침실까지 신고 들어오는 주거문화가 코로나19 확산에도 영향을 주지는 않았을까요? 반면 우리의 온돌 문화는 신발을 벗고 들어갑니다. 집안을 물걸레로 닦고 공기청청기로 환기하고, 스타일러로 옷을 털어내는 생활양식이 집 안에서 바이러스가 오래 생존하지 못하도록 하는 기전이 되지는 않았을까요? 우리 온돌을 외국에 수출하는 것은 어떨지 너스레를 떨며 정 본부장과 유쾌하게 웃었습니다.

외국에서 신기해하는 것 중 하나가 한국 마트에는 생필품이 있다는 것이었습니다. 해외뉴스를 보면 영미국가에서 화장지를 구하지 못해 난리가 났다는 소식이 종종 나옵니다. 싹쓸이로 텅 텅 빈 마트 화면을 보여주며 우리 언론은 한국의 시민의식이 성숙했다고 해석합니다. 홈쇼핑 등 이커머스의 발달로 이 사태를 설명하는 기사도 있습니다. 그렇지만 이 역시도 생활양식의 차이에서 원인을 찾을 수 있을 것 같습니다. 유한킴벌리 한국 사장의 이야기를 들어보면, 코로나19가 창궐하면서 대부분 국가에서 화장지 매출이 50% 이상 증가했다고 합니다. 반면 우리는 20% 정도만 늘었습니다. 왜일까요? 미국과 유럽은 거실, 주방, 화장실 등에 모두 카펫이 깔려 있기 때문에 오염을 해결할 수 있는 방법이 화장지가 거의 유일합니다. 반면 우리는 물청소나 삶아서 쓰는 행주에 더 익숙합니다. 일회용 티슈를 사용하는 빈도가 상대적으로 훨씬 적은 생활 문화의 차이가 반영된 것은 아닐까요?

이런 검증되지 않은 가설들을 이야기하며 웃기도 했지만, 코로나19 이후의 세상이 과거와는 다를 것이라는 데 정 본부장과 저는 공감했습니다. 앞으로 감염병 예방과 극복을 위해서는 보건의료 영역뿐 아니라 생활, 교육, 문화, 서비스 등 다양한 영역에서 새로운 평가와 개선이 필요합니다. 지금 코로나19 대응의 경험은 분명 중요한 참고자료가 될 것입니다.

2020년 6월 현재에도 코로나19는 진행형입니다. 전 세계 확진자 수는 750만 명을 돌파했고, 국내 일일 확진자도 50명 수준으로 꾸준히 발생하고 있습니다. 하지만 우리가 과학적 사실에 근거해 침착하게 대응하고, 사회적 연대를 지속한다면 분명 극복할 수 있습니다. 코로나19 이후의 세상에서 이 책을 열어본다면 이 책의 기록은 그저 옛 이야기에 그칠 수 있습니다. 하지만 또 다른 감염병이 등장한다면 2020년 한국의 경험과 경과는 분명 생생하고 귀중한 자료가 될 것입니다. 그 생동감이 전달되기를 바라며 저는 보건의료 분야에서 주어진 소명을 다하겠습니다. 긴 글을 읽어주셔서 감사합니다. 건강하세요.

# 코로나19 대응 주차별 국내외 동향

| | 한국 | 중국 | 미국 | 일본 | 유럽(독일, 이탈리아) |
|---|---|---|---|---|---|
| 2019년<br>12월 5주 차 | | 12.31. WHO에 후베이성 우한시 폐렴 환자 27명 발생 보고 | | | |
| 2020년<br>1월 1주 차 | 1.3. 질병관리본부,'우한시 원인불명 폐렴 대책반' 가동 및 긴급상황실 24시간 대응체 운영 | 1.4. 우한시 원인불명 바이러스성 폐렴환자 17명 추가 발생(누적 44명) | | | |
| 2020년<br>1월 2주 차<br><br>WHO 종합적인 기술 가이드라인 발표(모든 국가에 바이러스 발견 경위 및 검사 방법, 잠재 사례 관리방법 제공) | 1.8. 질병관리본부, 위기평가회의 통해 감염병 위기 경보 수준 '관심' 단계로 관리 | 1.9. 중국 관영 신화통신, 폐렴 병원체가 초기 조사결과 신종 코로나 바이러스 판명 보도<br>1.11. 중국 코로나 19 최초 사망자 1명 발생 | 1.6. CDC, 중국 후베이성 우한 상대로 여행경보 1단계 발령<br>1.7. CDC, COVID-19 사고 관리 시스템 구축 | 1.5. 후생성, 해외감염증 발생정보 공개 | |
| 2020년<br>1월 3주 차 | 1.13. 질병관리본부, 신종코로나바이러스 분석 검사법 개발 착수 | 1.12. 코로나19 게놈 서열 공유<br>1.15. 중국 후베이성, 우한에서 발생한 신종 코로나 바이러스의 사람 간 전파 가능성 공식 인정 | 1.17. CDC, JFK공항 등 3곳에서 코로나19 증세 검사 시행 / CDC, 각 주의 우한 폐렴 탐지 진단 테스트 사용 FDA 승인 촉구 | 1.5. 코로나19 첫 확진자 발생 | |
| 2020년<br>1월 4주 차<br><br>WHO 중국 주재 WHO 대표처 및 서태평양 지역 사무처 전문가, 우한 방문 현지 시찰 후 성명 통해 사람 간 전염 입증 | 1.20. 국내 첫 코로나19 확진자 발생 / 감염병 위기경보단계를 '관심'에서 '주의'로 상황 조정 및 중앙방역대책본부 가동 | 1.21. 보건당국 사스와 중동호흡기증후군에 해당하는 '을(乙)류' 전염병지정, 대응책은 가장 강력한 '갑(甲)류' 전염병 수준으로 상향<br>1.23. 우한시, '폐렴'으로 한시적 도시 봉쇄<br>1.24. 후베이성, 초중등학교 개학 무기한 연기발표 | 1.19. CDC, 코로나19 첫 확진자 발생 확인<br>1.21. CDC, '코로나19 비상운영센터' 활성화 | 1.24. 외무성 중국 후베이성에 대한 감염증 위험 정보 '레벨 3'상향 및 방문 자제 권고<br>1.26. 아베 총리, 전용기 등을 동원하여 우한에 체류 중인 일본인 귀국지원 방침 발표 | 1.23. 유럽질병예방통제센터, 신종 코로나바이러스 감염증에 대한 위험 가능성을 '낮음'에서 '보통'으로 상향 조정 |
| 2020년<br>1월 5주 차<br><br>WHO 사무총장, 긴급위원회 재소집, 국제적 공중보건 비상사태(PHEIC) 선포 | 1.27. 감염병 위기경보 단계를 '주의'에서 '경계'로 격상<br>1.28. 중앙사고수습본부, 신종 코로나바이러스 감염증의 확산 방지를 위해 의료기관 288개소의 선별진료소 운영 | 1.26. 질병통제센터, 신종 코로나바이러스 종균을 성공적으로 분리·추출해 백신 개발 착수 발표<br>1.27. 중국 정부, 춘절 연휴 2월 2일까지 연장 / 해외 및 단체여행 금지령 실시<br>1.31. 누적 확진자 1만 명 돌파 | 1.27. 중국 우한에 전세기 띄워 자국민 철수<br>1.28. 자국민에 중국 여행 자제 권고 및 후베이성 최고 4단계 여행 경보 발령<br>1.31. 공중보건 비상사태 선포와 2주 내 중국 방문 외국인 입국금지 조치 | 1.29. 우한 체류 일본인 650여 명 중 206명을 태운 전세기 하네다 공항 도착<br>1.31. 아베 총리, 입국 신청일 14일 이내에 중국 우한시에 체류한 적 있는 외국인, 후베이성이 발행한 중국 여권 소지인의 입국을 전면 금지 | 1.27. 독일, 코로나19 첫 확진자 발생 |

| | 한국 | 중국 | 미국 | 일본 | 유럽(독일, 이탈리아) |
|---|---|---|---|---|---|
| 2019년 2월 1주차<br><br>WHO 2.2. 국가별 신종코로나 대응 노력 촉구<br>2.3. 보건시스템 취약국 지원 위한 국제사회의 '전략적 준비 및 대응 계획'(SPRP) 발표 | 2.1. 우한 교민 총 701명 입국 완료 I 수진자 자격조회시스템과 연계하여, 약국 접수 단계부터 환자 여행 이력 정보 파악 가능<br>2.5. 질병관리본부, 신종 코로나바이러스 분리 성공 및 유전 정보 공개 I 정부, "보건용 마스크 및 손 소독제 매점매석 행위 금지 등에 관한 고시" 마련 및 단속시행 | 2.1. 리커창 총리 유럽연합에 신종 코로나바이러스 감염증 대처 의료물자 조달 요청 I 후베이성, 춘절 연휴 2월 13일까지 재연장 발표<br>2.7. 중국정부, 14개성 봉쇄 I 누적 확진자 3만 명, 사망자 600명 돌파 | 2.2. 국방부, 격리자 수용 군사시설 사용 승인<br>2.3. 중국 대륙 현지에 체류 중인 미국인 대상으로 식료품 비축 당부 보안 경보 발송<br>2.6. 코로나19 첫 사망자 발생 | 2.3. 아베 총리, 도쿄올림픽 정상 개최 발표 I 일본 정부, 본토 내 코로나19 확산 우려로 크루즈선 다이아몬드 프린세스호 탑승 인원의 하선 금지 조치<br>2.4. 일본 후생노동성, 신종 코로나바이러스 감염 검사 기준 강화 및 대상 확대 발표 | 2.1. 독일 공군기, 중국 후베이성 우한에서 자국민 등 100여 명 철수 지원<br>2.2. 이탈리아 국립전염병연구소 연구진, 신종 코로나바이러스 분리 성공 |
| 2020년 2월 2주차<br><br>WHO 2.11. 신종 코로나 새 명칭 'COVID-19' 명명 및 첫 백신, 18개월 내 준비 발표 | 2.8. 정부, 생활지원비 및 유급휴가비용 지원, 집단시설 등 소독 안내 및 마스크 수급안정화 대책 발표 I 정부, '신종 코로나바이러스'의 명칭을 '코로나19'로 확정 | 2.13. 베이징 당국, 베이징 출입자 대상 14일간 자가격리/관찰 명령 I 누적 확진자 6만 명, 사망자 1,300명 돌파 I 군 의료진 2,600여 명 후베이성 투입 발표 | 2.12. 국립보건원 산하 알레르기전염병연구소(NIAID), 신종 코로나바이러스 감염증 치료를 위해 길리어드사이언스의 렘데시비르 및 기타 약물에 대한 임상실험 준비 발표<br>2.13. 미국 정부, 신종 코로나바이러스 감염증 관련 북한에 인도적 지원 의사 발표<br>2.15. CDC, 독감 증상 환자 코로나19 검사 시작 | 2.13. 코로나19 첫 사망자 발생<br>2.14. 일본 정부, 코로나19 확산 방지를 위한 긴급 대책 시행 비용 2020년 예산 예비비 중 103억 엔(약 1,110억 원) 지출 결정<br>2.15. 정박 크루즈선 다이아몬드 프린세스호에서 코로나19 확진자 218명 확인 | 2.13. 유럽연합 보건장관회의, 코로나19 대응 강화 합의 및 의약품 공동 조달 필요 시사 |
| 2020년 2월 3주차 | 2.20. 코로나19 누적 확진자 100명 돌파, 최초 사망자(1명) 발생 I 대구·경북 지역, 확진자 급증<br>2.22. 신천지 전수조사 계획 발표 | 2.20. 중국 중앙은행 인민은행, '대출우대금리(LPR)'를 0.10%포인트 인하<br>2.21. 중국 정부, 코로나19 환자 80%에 중의학적 치료 6만 명 적용 발표 | 2.17. 일본 크루즈선 미국인 승객 300명 귀국 완료<br>2.22. 감염관리, 병원대비평가, 개인보호장비(PPE) 공급 계획, 임상평가 및 관리에 관한 23건 이상의 지침서 작성 | 2.22. 일본 정부, 코로나19에 신종 플루치료제 아비간(일반명: Favipiravir) 투여 권장 | 2.21. 이탈리아 총리, 코로나19 긴급대책회의 주재 |
| 2020년 2월 4주차 | 2.24. 교육부, 개학 1주일 연기발표(3.2. → 3.9.)<br>2.26. '감염병의 예방 및 관리에 관한 법률''검역법''의료법', 국회 본회의 통과 I 코로나19 누적 확진자 1,000명, 사망자 10명 돌파<br>2.28. 정부, '2020년도 일반회계 일반예비비 지출안' 의결(전국 어린이집에 방역물품 구입비 지원 예비비 65억 6,200만 원) | 2.24. 재정부, 141.6억 달러 규모 코로나19 대응 자금 마련 시행 발표<br>2.26. 중국 내 1/3에 해당 지역 코로나19 경보 완화<br>2.28. 누적확진자 8만 명, 사망자 2,800명 육박 | 2.17. 국무부, 공중보건 비상사태 선언<br>2.26. 길리어드, 코로나19 환자 치료제(에볼라 치료제 렘데시비르) 3상 임상시험 착수 | 2.25. 코로나19 확산 방지 대책회의 실시 및 정부 기본방침 발표<br>2.27. 아베 신조 총리가 전국 초중고에 3월 2일부터 3월 16일까지 임시휴교 요청 | 2.23. 이탈리아 총리, 코로나19 확산으로 인해 이동 제한령 및 축구 경기 취소 발표<br>2.29. 독일 보건부, 마스크, 약품 및 소독제에 대해 실제로 도움이 필요한 사람들을 위해 구매 자제 권고 |

| | 한국 | 중국 | 미국 | 일본 | 유럽(독일, 이탈리아) |
|---|---|---|---|---|---|
| **2020년 3월 1주 차**<br><br>WHO 3.3. 마스크 등 보호 장비 사재기 극심해져 각국에 생산 증가 장려책·유통 제한 완화 등 촉구 | 3.4. 누적 확진자 5,000명, 사망자 30명 돌파 \| 중앙안전재난대책본부, 드라이브 스루 선별진료소 표준운영 지침 마련<br>3.6. 중앙안전재난대책본부, 전국 290개 국민안심병원 지정 | 3.4. 중국 정부, 인프라 확충에 5조 달러(약 5,900조 원) 규모 지원 | 3.3. 연방준비제도, 연방기금 금리 0.50%p(50bp) 인하 결정<br>3.4. 의회, 코로나19 확산 대응 위해 83억 달러(약9조 8,000억 원) 규모의 추가 예산안 합의<br>3.6. 한국 정부에 드라이브 스루 선별진료소 운영 노하우 요청 | 3.1. 다이아몬드프린세스호 탑승객 전원 하선 완료(총 확진자 705명, 사망자 6명 확인)<br>3.4. 일본 내 코로나19 누적 확진자 1,000명 돌파<br>3.6. 의료보험적용으로 민간병원서 코로나 검사 실시 및 검사비 무료로 시행 | 3.1. 이탈리아 코로나19 누적 확진자 1만 명, 사망자 600명 돌파<br>3.4. 이탈리아, 3월 15일까지 모든 학교 임시 폐쇄 발표<br>3.5. 이탈리아, 경기 부양 자금 확대 결정(36억 유로→75억 유로) |
| **2020년 3월 2주 차**<br><br>WHO 3.11. 코로나19에 팬데믹 선언 | 3.9. 정부, 마스크 5부제 시행<br>3.13. 보건복지부장관, 감염병전담병원 69개소에 보조금 390억 원 지급 발표 | 3.8. 중국 정부, 한국에 마스크 100만장·의료방호복 1만 벌 지원 계획발표<br>3.11. 코로나19 누적 확진자 8만 명, 사망자 3,000명 돌파 | 3.13. 트럼프 대통령, 국가비상사태 선포 | 3.10. 일본 정부, 중소 사업자와 개인에 대한 지원, 감염 확산 방지 대책, 학교 임시휴교에 따른 대응, 사태 변화에 즉시 대응하는 긴급 조치 등을 골자로 하는 코로나19 긴급대책 발표<br>3.14. 아베 총리, 도쿄 올림픽 "연기/취소 없이 강행" 주장 | 3.10. 독일, 코로나19 누적 확진자 1,000명 돌파 \| 이탈리아 총리, 봉쇄 조치를 이탈리아 전역으로 확대 시행 발표<br>3.11. 이탈리아, 경기 부양과 코로나19 대응을 위해 250억 유로(약 33조 7,387억 원)의 긴급자금 마련 결정<br>3.13. 독일 전역에 휴교령 발령 |
| **2020년 3월 3주 차** | 3.15. 대구와 경북 일부 지역 특별재난지역으로 선포<br>3.16. 한국은행, 기준금리 1.25%→0.75%로 하향 조정<br>3.17. 11조 7,000억 원 규모 추경예산 국회 본회의 통과<br>3.20. 미국과 600억 달러 규모 통화스와프 체결 \| 3.20. 정부, 종교시설, 실내 체육시설, 유흥시설에 대해 15일간 운영 중단 권고 | 3.17. 중국 정부, 《뉴욕타임스》 등 미국 주요 신문사 중국 주재 기자 전원 추방 명령 | 3.15. 미국 연방준비제도 연방기금 금리 0.00%~0.25%로 인하, 7,000억 달러 규모의 양적완화를 보조에 맞춰서 단행<br>3.17. 트럼프 대통령, 미국 경기부양을 위해 미국 하원에 규모 8,500억 달러 추가경정예산 제출 결정<br>3.19. 미국 연방준비제도, 한국 등 9개 국가와 통화스와프 계약 체결 발표 | 3.15. 일본 정부, 마스크 되팔기 행위를 금지하는 조치 시행<br>3.17. 일본 정부, 스페인, 이탈리아, 스위스 일부 지역, 아이슬란드에서 오는 외국인의 출입차단 | 3.16. 독일, 프랑스·오스트리아·스위스와의 국경 폐쇄 \| 이탈리아, 행정명령을 통해 보건 시스템과 자영업·근로자기업에 대한 지원 정책 실행<br>3.19. 독일, 코로나19 누적 확진자만 명 돌파 \| 독일, 자영업자 및 소기업 지원 위해 400억 유로 투입 발표 |
| **2020년 3월 4~5주 차**<br><br>WHO 3.23. 세계 최소 20가지 백신 개발소식 전파<br>3.20. 코로나19의 대응 모범사례로 한국 지목 | 3.22. 정부, 고강도 사회적 거리두기 시행<br>3.31. 정부, 민생경제 활성화 위한 저소득층 230명 대상소비쿠폰 지급 시작, 어린이집 휴원 기간 연장, 어린이집 내 비상용 마스크 284만 매 현물 지급, 방역물품 지원 추진 | 3.24. 중국 정부, 4월 8일부로 후베이성과 우한시에 내렸던 봉쇄령 해제 예정 발표<br>3.23. 중국 정부, 전국에 영화관 400여 개상 영관 개관 허용 | 3.24. 트럼프 대통령, 한국에 코로나19 관련 의료장비 지원 요청<br>3.25. 미국 상원, 코로나19 대응을 위한 2조 달러 규모의 경기부양법안 만장일치로 통과<br>3.28. 2조 2,000억 달러 경기부양법 발효 | 3.24. 일본 정부, 2020 도쿄올림픽 공식 연기 | 3.23. 독일, 1,560억 유로 규모 추경 편성<br>3.24. 이탈리아 정부, 코로나19 사태 기간 무단 외출 시 징역 5년형 결정 |

230

| | 한국 | 중국 | 미국 | 일본 | 유럽(독일, 이탈리아) |
|---|---|---|---|---|---|
| 2020년<br>4월 1주 차<br><br>WHO 4.3. 각국에 코로나19 대응 위해 무료 검사·치료 요구 | 4.2. 보건복지부·질병관리본부, 국내 자체 백신 개발을 위한 대규모 연구 투자 시작<br>4.3. 누적 확진자 1만 명, 사망자 170명 돌파 l 긴급재난지원금 대상자 선정 기준 원칙 마련(관계부처 합동) | 4.2. 중국 연구진, 신종 코로나바이러스 완치자의 혈액에서 바이러스의 세포 감염을 차단하는 항체 분리 성공 | 4.2. CDC, 무증상감염 가능성 제시<br>4.3. CDC, 면 마스크 자발적 착용 권고 | 4.1. 아베 총리, 4월 둘째 주부터 일본 전체의 약 5,000만 가구에 대해 한 가구당 두 장의 천 마스크 배포 계획 발표 | 4.3. 독일, 일본의 신종 플루치료제 '아비간' 대량 수입 결정 l 독일, 한국정부의 코로나19 대응 경험 청취를 위해 화상회의 실시<br>4.1. 이탈리아, 코로나19누적확진자 10만 명, 사망자 1만 2,000명 돌파 l 이탈리아, 코로나 이동 제한령 4월 13일까지 연장 발표 |
| 2020년<br>4월 2주 차 | 4.6. 정부, 코로나19 피해 의료기관 지원을 위한 '의료기관 긴급지원자금' 융자신청 시작<br>4.7. 국립보건연구원, 코로나19 백신후보물질 제작<br>4.9. 정부, 코로나19 손실 보상 개산급 146개 병원에 1,020억 원 지급 발표 l 교육부, 유치원을 제외한 전국 모든 초·중·고 및 특수학교, 각종 학교에서 온라인 개학 실시 | 4.8. 후베이성, 우한봉쇄 해제 | 4.11. 코로나19 누적 확진자 50만 명, 사망자 1만 명 돌파 l 뉴욕시, 시내의 모든 공립학교에 대해 8월까지 휴교 발표<br>4.11. 트럼프 대통령이 와이오밍주의 재난 지역 선포를 승인하면서 미국의 50개 주 전부가 재난지역으로 선포 | 4.6. 아베 총리, 도쿄도 등 7개 도부현에 1개월 동안 '긴급 사태' 선포<br>4.9. 일본 내 코로나19 누적 확진자 5,000명, 사망자 100명 돌파 | 4.6. 독일, EU 회원국과의 연대를 위해 이탈리아와 프랑스 환자 자국으로 이동·치료 정책 실행 l 독일 코로나19 누적확진자 10만 명, 사망자 1,600명 돌파<br>4.11. 이탈리아, 코로나19 누적 확진자 15만 명 돌파, 사망자 2만 명 육박<br>4.10. 이탈리아, 이동제한령과 휴교령, 비필수 업소·사업장 등의 봉쇄조치 5월 3일까지 연장하는 새 행정명령 의결 |
| 2020년<br>4월 3주 차 | 4.12. 정부, 코로나19 자가격리자 투표 관련 방역지침발표 | 4.13. 러시아발 코로나19 유입 증가로 국경에 의료진 배치 | 4.14. 미국 코로나19 누적 확진자 60만 명, 사망자 2만 5,000명 돌파 | 4.14. '코로나 고통 분담' 국회의원 세비 20% 삭감 추진 발표 | 4.12. EU, 회원국에 봉쇄조치 단계별 완화 방침 전달 |

# 코로나 리포트

대한민국 초기 방역 88일의 기록

ⓒ허윤정, 2020. Printed In Seoul, Korea

**초판 1쇄 찍은날** 2020년 6월 23일
**초판 1쇄 펴낸날** 2020년 7월 1일

| | |
|---|---|
| **지은이** | 허윤정 |
| **펴낸이** | 한성봉 |
| **편집** | 조유나·하명성·이동현·최창문·김학제·신소윤·조연주 |
| **콘텐츠제작** | 안상준 |
| **디자인** | 전혜진·김현중 |
| **마케팅** | 박신용·오주형·강은혜·박민지 |
| **경영지원** | 국지연·지성실 |
| **펴낸곳** | 도서출판 동아시아 |
| **등록** | 1998년 3월 5일 제1998-000243호 |
| **주소** | 서울시 중구 소파로 131 [남산동 3가 34-5] |
| **페이스북** | www.facebook.com/dongasiabooks |
| **전자우편** | dongasiabook@naver.com |
| **블로그** | blog.naver.com/dongasiabook |
| **인스타그램** | www.instargram.com/dongasiabook |
| **전화** | 02) 757-9724, 5 |
| **팩스** | 02) 757-9726 |

**ISBN**    978-89-6262-338-3 03300

이 도서의 국립중앙도서관 출판예정도서목록(CIP)은 서지정보유통지원시스템 홈페이지
(http://seoji.nl.go.kr)와 국가자료공동목록시스템(http://www.nl.go.kr/kolisnet)에서
이용하실 수 있습니다.(CIP제어번호 : CIP2020024571)

※ 이 책의 표지 이미지는 2020년 2월 24일 자로 《경북일보》에 게재된 사진입니다.
※ 잘못된 책은 구입하신 서점에서 바꿔드립니다.

**만든 사람들**

| | |
|---|---|
| **책임편집** | 하명성 |
| **크로스교열** | 안상준 |
| **디자인** | 전혜진 |
| **본문조판** | 안성진 |